财务会计原理与实务研究

雒庆华 著

中国纺织出版社有限公司

内 容 提 要

财务会计在企业运作中扮演着至关重要的角色，定期为企业向外部各利益相关方传递企业财务信息。《财务会计原理与实务研究》是一部探讨财务会计原理与实务的著作。本书涵盖财务会计的理论基础、财务报表编制与分析、财务会计信息系统以及财务风险与应对策略等方面的内容。探讨了财务会计的理论基础和实际应用，并强调了财务会计在企业管理中的关键作用。此外，本书还涉及财务会计的未来发展趋势。本书旨在帮助读者全面理解财务会计原理与实务，为企业决策提供有力支持。

图书在版编目（CIP）数据

财务会计原理与实务研究 / 雏庆华著. -- 北京：中国纺织出版社有限公司，2024.6. -- ISBN 978-7-5229-1842-6

Ⅰ.F234.4

中国国家版本馆 CIP 数据核字第 2024LR9756 号

责任编辑：段子君　哈新迪　　责任校对：王惠莹
责任印制：储志伟

中国纺织出版社有限公司出版发行
地址：北京市朝阳区百子湾东里 A407 号楼　邮政编码：100124
销售电话：010—67004422　传真：010—87155801
http://www.c-textilep.com
中国纺织出版社天猫旗舰店
官方微博 http://weibo.com/2119887771
天津千鹤文化传播有限公司印刷　各地新华书店经销
2024 年 6 月第 1 版第 1 次印刷
开本：710×1000　1/16　印张：7.5
字数：128 千字　定价：99.90 元

凡购本书，如有缺页、倒页、脱页，由本社图书营销中心调换

前 言

在当今复杂多变的商业环境中，财务会计作为企业管理的支柱之一，扮演着至关重要的角色。《财务会计原理与实务研究》的编写旨在为读者提供一部全面而深入的著作，涵盖了财务会计领域的基本原理、实际应用、法规遵循以及未来发展趋势。本书的编写目的不仅是帮助读者建立坚实的理论基础，更使其将这些原理灵活应用于实际财务管理工作中，从而更好地支持管理者的决策制定和执行。

本书力求在理论与实务之间建立紧密的联系，旨在为读者提供全方位的财务会计知识体系。在详细剖析财务会计基本原理的同时，强调了这些原理在实际应用中的重要性。本书结合实际案例和最新研究成果，以帮助读者更好地理解和应用所学知识。第一章导论部分为读者提供本书的整体框架和阅读指导。第二章通过对会计信息的功能、会计信息质量与影响因素、国内外财务会计准则等内容的介绍，读者可以全面了解财务会计的基础理论。第三章介绍了财务报表的编制原则、财务报表分析、财务报表中的财务指标解读等内容，帮助读者更好地应用财务会计知识开展实际工作。第四章介绍了财务会计信息系统与技术支持，包括会计信息系统的结构与功能、财务软件的应用与管理、信息技术对财务会计的影响与创新等内容。随着信息技术的快速发展，本章的内容将为读者在实际工作中运用信息系统和技术提供有益指导。第五章从财务风险的识别与评估以及企业财务风险管理策略两个方面，介绍了财务风险管理与应对策略。在竞争激烈的商业环境下，企业需要有效管理财务风险，确保稳定发展。第六章介绍了财务会计法规与合规管理，包括企业财务会计法规体系概述、企业合规管理与内部控制等内容。企业需要依法合规地开展财务会计工作，本章将为读者提供必要的法律法规知识和合规管理方法。第七章讨论了财务会计的未来发展与趋势，包括大数据技术对财务会计的影响、国际会计准则对财务会计的影响以及企业财务战略等内容。随着科技的进步和全球化发展，财务会计领域不断发生变革，本章的内容将引导读者把握未来的发展趋势，提前做好准备。

  本书力求以简明的语言、直观的案例和实用的知识帮助读者深入理解财务会计的相关理论和实践。读者在阅读本书时，可以结合自身的学习和实践经验，思考和应用所学的知识。

  最后，我们希望本书能够成为您学习和实践财务会计的有力工具，帮助您在财务会计领域取得更好的成果。谢谢您的阅读！

著者

2024 年 1 月

目 录

第一章　导　论 ... 1
第一节　研究背景与意义 ... 2
第二节　财务会计的目标及当前的问题 ... 5
第三节　研究方法与内容 ... 7

第二章　财务会计理论基础 ... 11
第一节　会计信息的功能 ... 12
第二节　会计信息质量与影响因素 ... 14
第三节　国内外财务会计准则 ... 20

第三章　财务报表编制与分析 ... 25
第一节　资产负债表、利润表与现金流量表的编制原则 ... 26
第二节　财务报表分析 ... 28
第三节　财务报表中的财务指标解读 ... 35

第四章　财务会计信息系统与技术支持 ... 43
第一节　会计信息系统的结构与功能 ... 44
第二节　财务软件的应用与管理 ... 50
第三节　信息技术对财务会计的影响与创新 ... 58

第五章　财务风险管理与应对策略 ... 61
第一节　财务风险的识别与评估 ... 62

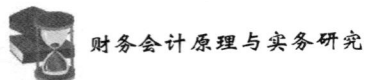

  第二节 企业财务风险管理策略 ………………………………… 68

第六章 财务会计法规与合规管理 …………………………………… 77
  第一节 企业财务会计法规体系概述 ……………………………… 78
  第二节 企业合规管理与内部控制 ……………………………… 86

第七章 财务会计的未来发展与趋势 …………………………………… 95
  第一节 大数据技术对财务会计的影响 …………………………… 96
  第二节 国际会计准则对财务会计的影响 ………………………… 100
  第三节 企业财务战略 …………………………………………… 105

参考文献 …………………………………………………………………… 111

ns id="1" />

第一章

导 论

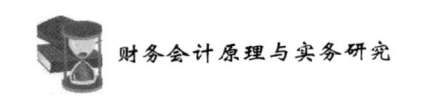

第一节　研究背景与意义

一、全球经济发展与企业经营管理需要的背景

（一）随着全球化的深入，企业跨国经营的趋势凸显

全球化的趋势在 21 世纪深刻影响企业的战略选择，推动企业涉足国际市场，追求更大的商业机会。这并非仅仅是大型企业的选择，中小型企业也积极参与，使得国际市场竞争呈现出前所未有的激烈态势。

随着全球化的深入，企业跨国经营的趋势凸显。全球化不仅在地理上打破了国界的束缚，更在经济层面推动了资源的全球配置。企业不再局限于单一国家或地区，而是将其业务拓展至全球其他地区。这种全球经营模式使企业拓展了市场，同时也为它们带来了多元化的挑战。

在全球化的背景下，国际市场竞争越发激烈。企业之间的竞争不再局限于本地市场，而是在全球范围内展开。这使得企业必须更加灵活和创新，以适应不同国家和地区的市场需求。因此，全球市场不仅是企业竞争的舞台，更是它们实现可持续发展的重要平台。

全球化的浪潮不仅改变了企业的经营策略，也推动全球了产业结构和价值链的调整。在全球范围内，企业更加倾向于在不同国家和地区配置生产要素，以最大化资源利用效益。这促使产业链上的各个环节在全球范围内更加紧密地协同工作，形成一个高度互联的全球化产业网络。

（二）企业经营管理需要

企业参与全球市场，带来的不仅是更广阔的市场机会，同时也面临着来自不同国家和地区的激烈竞争。这种竞争并非仅限于产品和服务的层面，更涉及企业的经营管理水平。从供应链管理到人才招聘，再到战略规划，企业需要确保其在全球各个节点都能够高效运营。有效的管理和监控机制成为确保企业在全球范围内协调一致、资源合理配置的重要因素。

在这个背景下，财务会计凸显了其在企业全球竞争中的重要地位。财务会计不仅要满足法规要求，更对企业决策和战略规划有重要影响。通过财务报表，企业能够清晰地展示其财务状况和市场表现，赢得投资者、债权人等外部利益相关方的信任。同时，财务会计也为企业内部管理层提供了实时的财务信息，助力管理者进行科学决策和企业资源优化。

财务会计的作用不仅是记录和报告财务信息，更在全球范围内为企业提供了一种有效的战略导向。因此，财务会计在企业全球化进程中为企业赢得全球竞争的胜利提供了有力的支持。

二、财务会计在企业管理中的重要作用

（一）财务会计作为企业信息披露的主要方式

财务会计在企业运作中扮演着至关重要的角色，成为企业向外部各利益相关方传递信息的主要方式。其中，财务报表作为具有明确会计原则和规范的工具，成为企业向投资者、债权人、政府等多方传达其财务状况和经营绩效的主要途径。

财务报表的制定与披露是企业信息披露的核心环节。通过这一过程，企业向外界展示其财务状况，使得各方能够对企业的财务状况有一个客观的认知。其中，财务报表的制定受到明确的会计原则和规范的约束，确保了财务信息的真实性和可比性。

在财务报表中，涵盖了企业的资产、负债、所有者权益等重要财务信息。这些信息通过资产负债表、利润表和现金流量表等报表形式得以清晰呈现。通过这些报表，投资者可以了解企业的财务状况，债权人可以评估企业的偿债能力，政府可以监督企业的合规经营。因此，财务报表不仅是企业内部管理的工具，更是对外传递信息、建立信任的桥梁。

对投资者而言，财务报表是进行投资决策的重要参考依据。通过对企业的财务报表进行分析，投资者能够了解企业的盈利能力、财务稳健性以及未来发展潜力。这为投资者提供了决策依据，有助于他们做出明智的投资选择。同时，债权人通过财务报表的审查，可以评估企业的债务水平和偿债能力，为债务融资提供了有效的参考信息。

政府机构依赖于企业的财务报表来监管企业的经营活动。财务报表的透明度和准确性对于保障市场秩序、维护金融稳定至关重要。政府通过对财务报表的审查，可以有效监督企业是否依法纳税，是否符合相关法规，从而确保企业的经济活动得以规范进行。

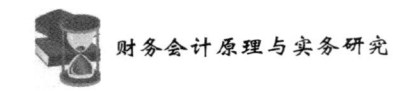

（二）企业内部管理决策依据

财务会计不仅是企业满足外部信息披露需求的工具，更在企业内部管理层面发挥重要作用。管理层通过对财务会计的深入分析，获取重要信息，如企业的盈利状况、资产负债状况等，从而能够制定科学决策，涉及资源配置、投资决策等方面。

在企业内部，财务会计提供了实时、全面的财务信息，为管理层的决策提供依据。通过财务报表，管理层能够深入了解企业的盈亏情况，评估经营状况，从而制定合理的战略规划。财务报表中的资产负债状况也使管理层更好地了解企业的偿债能力和财务稳健性，有助于合理规划资金运作，确保企业的财务健康。

在资源配置方面，财务会计为管理层提供了重要的参考信息。通过对企业的成本、费用等方面的详细记录和分析，管理层能够识别成本结构中的优势和劣势，有针对性地进行成本控制，优化资源配置。此外，财务会计还能为企业的投资决策提供信息，通过分析现金流量、收益率等指标，帮助管理层判断投资项目的可行性和回报率。

财务会计不仅提供过去的财务信息，也通过对未来的预测和规划起到了重要作用。管理层通过对历史数据的分析，可以更准确地预测未来的财务趋势，为企业的长远发展提供战略指导。这种对历史数据和趋势的深入研究，有助于管理层更好地应对市场波动、行业变化，制定具有前瞻性的经营战略。

（三）树立良好企业形象

财务报表的准确性和透明度在很大程度上决定了企业在市场上的信誉和声誉。这种透明度体现在向外部利益相关方提供的财务信息的清晰度、真实性以及易于理解的程度。透明的财务信息不仅是企业履行法律法规和义务的表现，更是一种建立信任关系、塑造企业形象的重要方式。

首先，透明的财务信息能够增强外部利益相关方对企业的信任。通过清晰、真实的财务报表，企业向投资者、债权人、客户等各方展示了其财务状况和运营情况，使外部利益相关方对企业的经营状况有更清晰的认知。这种透明度有助于消除信息不对称，建立外部利益相关方对企业的信心，为未来合作和投资奠定了基础。

其次，透明的财务信息能够吸引更多投资和合作。外部利益相关方在决定是否与企业合作或投资时，通常会依赖于企业可靠的财务信息，财务报表提供了一个全面、客观地评估企业价值的依据。财务透明度高的企业更容易获得融资支

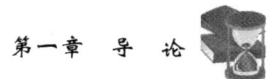

持，吸引更多投资，从而实现企业的可持续发展。

透明度还体现在财务报表易于理解和解读。清晰、简明的报表能够使各类利益相关方更容易理解企业的财务状况，降低信息的歧义性。这种易于理解的透明度不仅有助于投资者作出更明智的决策，也使企业与客户、供应商等合作伙伴之间的关系更加稳固。

第二节　财务会计的目标及当前的问题

一、深入理解财务会计原理与实务的目标

深入理解财务会计原理不仅要聚焦于会计基础概念的全面理解，还需要对财务会计的理论体系进行深刻研究。这个过程涉及对财务会计体系的核心构建、历史演变、不同学派的观点以及财务报告的理论基础等的全面认识。

对会计基础概念的全面理解是深入研究财务会计原理的基石。这包括对资产、负债、所有者权益等基础概念的深入剖析。只有确保读者对这些基础概念有清晰的认识，才能够理解财务会计体系的运作机制。资产代表企业拥有的资源，负债反映企业对外部的债务责任，而所有者权益则展示投资者对企业资产的权益。通过对这些基础概念的全面理解，读者能够建立对财务会计的基本认知框架。

深刻理解财务会计的理论体系是财务会计原理研究的另一重要方面。这涵盖了会计的历史演变，不同学派对会计问题的不同观点，以及财务报告的理论基础等。通过了解财务会计学科的历史演进，读者可以把握财务会计的发展脉络，理解其逐步完善和演变的过程。同时，了解不同学派的观点有助于读者形成对财务会计多元化理论的认知。财务报告的理论基础则涉及报告的目的、使用者的需求以及信息披露的原则等，这为读者提供了财务报告编制的理论依据。

二、核心问题的明确定位与提出

（一）在理论方面的问题定位

在当前财务会计领域，存在会计信息质量不高的问题，涉及数据准确性、可靠性等。本研究将明确定位并深入探讨如何提高会计信息质量，可能涉及技术手段、监管政策等的讨论。财务会计体系的完善关系到企业财务信息的规范性和合

理性。本研究将针对当前存在的问题，提出完善措施，探讨如何更好地适应企业全球化经营的需要。

首先，财务会计领域存在的一个突出问题是会计信息质量不高。这主要体现在数据准确性和可靠性方面。数据的准确性是保障会计信息真实反映企业财务状况的重要一环，而可靠性则涉及信息的及时性和一致性。当前，随着企业规模的扩大和复杂度的增强，会计信息的产生和处理变得更加庞大复杂，从而导致数据准确性难以保障。解决这一问题需要综合考虑技术手段和监管政策的双重因素，这包括引入先进的财务软件、加强数据审核与验证机制等。

其次，财务会计体系的不完善也是当前需要解决的问题之一。随着企业全球化经营的趋势日益显著，传统的财务会计体系在适应全球业务需求方面存在一定的不足。本研究将对当前体系存在的问题进行深入剖析，提出在全球化背景下的完善措施。这包括更适应全球财务规范的内部管理机制等的建议。通过探讨如何更好地适应企业全球化经营的需要，将有助于提升财务会计体系的实用性和适应性，为企业在全球范围内的财务管理提供更有效的支持。

（二）在实务方面的问题定位

不同国家对企业的财务报告要求存在诸多差异。本研究将深入研究这些差异的原因和对企业管理的影响，并提出相应解决方案。信息系统在财务会计中扮演重要角色，但在实际应用中常常面临建设和维护的难题。本研究将关注这一问题，提出有效的信息系统建设和维护策略，以确保财务信息处理的高效性和准确性。

首先，随着企业全球化程度的不断提升，不同国家、地区的会计准则和法规、货币制度的差异，以及企业文化和运营模式的多样性对跨国公司财务报告的编制带来了挑战，也对企业管理提出了新的要求。本研究将深入研究这些差异的根本原因，并分析其对企业全球化管理的影响。通过对这些问题的深入了解，本研究将提出相应的解决方案，帮助企业更好地适应全球化经营的环境，提高财务报告的准确性和可比性。

其次，信息系统在财务会计中的作用日益凸显，但在实际应用中常常面临建设和维护的难题。企业需要及时更新和升级信息系统，以适应业务的不断发展和变化。然而，信息系统建设和维护的成本和难度较大，而且涉及技术、人员和管理等问题。本研究将关注这一问题，通过对信息系统建设和维护的实际困境进行深入剖析，提出有效的策略和方法。这包括采用先进的信息技术、建立健全的信息系统管理体系、培养专业的信息技术人才等的建议，以确保财务信息处理的高效性和准确性。

第三节 研究方法与内容

一、研究方法

（一）文献综述

文献综述作为本研究的主要研究方法，通过系统性地梳理相关文献，旨在全面了解财务会计领域的研究现状和未来发展方向。这一方法将深入剖析会计原理、财务报表编制、成本会计等领域的经典文献，以获取财务会计理论体系的全面认知。

首先，通过对会计原理的文献综述，将深入了解财务会计的基本概念、原则和规范。这包括资产、负债、所有者权益等基础概念的确立，以及会计信息质量和影响因素的相关研究。通过对经典文献的梳理，将建立对财务会计理论基础的深刻认识，为后续研究提供坚实的理论基础。

其次，对财务报表编制和成本会计方面的文献进行综述，有助于理解财务报表的编制原则、财务指标，以及成本会计体系和成本核算方法的研究进展。这将为后续案例分析和统计分析提供理论支持，使研究更具实践价值。

通过文献综述，本研究旨在汇总和分析已有研究成果，为财务会计原理与实务的深入研究提供基础。在对会计原理、财务报表编制和成本会计等的文献全面梳理的基础上，将为研究目的和问题的明确定位提供理论支持。

（二）案例分析

案例分析作为本研究的重要研究方法，将通过对实际企业的业务案例进行深入分析，揭示财务会计原理在实际业务中的应用，以使研究更具实践价值，并为读者提供实际的参考。

首先，本研究将选择一系列代表性的企业案例，涵盖不同行业、规模和国别，以确保研究的全面性和普适性。这些案例的详细分析将使我们深入了解财务会计原理在企业管理中的具体应用，包括财务报表编制、财务分析与比较、成本管理等方面的操作经验。通过这些实际案例，本研究将总结企业在财务会计实务中所面临的具体挑战并提出相应的解决方案。

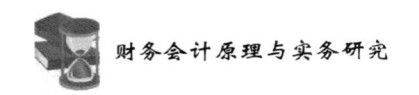

其次，通过对案例中出现的问题和挑战的分析，本研究将提炼出实际业务中可能存在的财务会计难题。这为后续的理论研究提供具体且准确的问题定位，为解决方案的提出奠定基础。

通过案例分析，本研究旨在将理论知识与实际操作相结合，为读者提供财务会计原理在实务中的具体应用经验，使其运用相关知识灵活准确地解决实际业务中的问题。

（三）统计分析

统计分析涉及对大量财务数据的挖掘，通过数据统计和模型分析，为理论研究提供实证支持。

首先，本研究将明确研究的具体问题，确定需要收集和分析的财务数据的范围和维度。这包括会计信息质量与企业绩效的关系、不同行业财务报表的差异分析等。通过明确问题，本研究能够有针对性地收集相关数据，确保统计分析的深度和广度。

其次，本研究采用合适的数据分析工具，如 SPSS、Excel 等，对所收集的数据进行统计分析。这包括描述性统计、回归分析、趋势分析等方法，以获取数据的内在规律和关联性。通过运用这些统计方法，本研究将全面地理解财务会计领域的实证情况，为后续的理论研究提供有力的支持。

通过统计分析，本研究旨在从数据的角度深入挖掘财务会计领域的问题，为财务会计理论的进一步发展提供实证分析基础。

二、研究内容

（一）财务报表编制

财务报表编制是本研究的重要内容，本研究旨在深入研究财务报表编制的原则、方法以及相关政策。这一研究将围绕财务报表编制的核心要素展开，通过对不同企业的财务报表进行比较与分析，旨在寻找财务会计原理在编制过程中的优化方案。

首先，对财务报表编制原则进行深入研究是研究的第一步。财务报表编制原则是企业财务会计的基础，包括资产负债表、利润表和现金流量表等主要报表的编制标准。本研究将关注这些原则在国际和国内以及不同行业和企业规模的差异。通过对财务报表编制原则的深入分析，将为企业提供在编制过程中更科学和更规范的指导。

其次，财务报表编制方法是研究的另一个重要方面。不同企业采用不同的编制方法，包括权责发生制和收付实现制等。本研究将通过对不同编制方法的比较，分析它们在实际应用中的优劣势，旨在为企业选择合适的编制方法提供参考。特别关注现代企业的特殊情况，如跨国企业、高科技企业等，探讨在这些情境下的最佳实践。

在深入研究财务报表编制的过程中，将考察相关的财务政策对财务报表的影响。不同国家、地区的财务政策存在差异，对企业的财务报表编制产生直接或间接影响，为企业在复杂多变的法规环境中制定合规性的报表编制策略提供建议。

（二）成本会计

成本会计的深入研究涉及对成本会计体系与成本核算方法的全面探讨，包括对不同行业的成本控制策略和管理决策支持等方面的案例分析。通过深入挖掘成本会计的实践经验，本研究旨在为企业提供实际操作的具体建议，从而优化成本管理和决策支持。

首先，对成本会计体系的研究将聚焦于了解不同企业所采用的成本会计架构。不同行业的企业面临不同的成本结构和核算需求，因此需要有针对性地构建适合其特定业务模式的成本会计体系。通过对各行业的案例研究，可以揭示不同体系的利弊以及在实际应用中的效果，为企业建立成本会计体系提供指导。

其次，成本核算方法的深入研究将关注不同核算方法在实际业务中的应用效果。本研究将通过案例分析，深入挖掘企业在生产、销售、投资等方面的成本核算实践。特别关注一些先进的核算方法，如作业成本核算、全周期成本核算等，以探讨它们在提高成本精确度和管理决策中的优势。

在不同行业的成本控制策略方面，本研究将通过实地调研和深入案例研究，总结各行业最佳实践。这涉及生产过程中的原材料采购、生产成本控制、人工成本管理等方面的具体操作，旨在为企业提供在竞争激烈的市场中制定更有效成本控制策略的建议。

最后，通过对管理决策支持的案例分析，本研究将深入研究成本会计在企业决策过程中的角色。这包括在产品定价、投资决策、生产计划等方面的应用。通过探讨企业的成功案例，总结其在管理决策中的成本会计实践，为其他企业提供可借鉴经验。

（三）信息系统

信息系统在财务会计领域的研究将重点关注会计信息系统的结构与功能，以及财务软件的应用与管理。通过深入案例分析，本研究旨在全面了解信息技术对

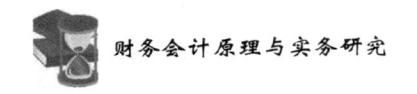

财务会计的影响与创新，为企业信息系统的建设与维护提供实用性建议。

对会计信息系统的结构与功能的详尽研究，包括对其基本组成部分和运作机制的深入分析。会计信息系统是财务会计的重要支撑，对确保会计信息的准确性和及时性至关重要。通过深入研究系统的各个模块，如总账、应收应付等，以及它们之间的关联，可以为企业搭建信息系统提供指导。

在信息技术对财务会计的影响与创新方面，本研究将深入挖掘信息技术的最新趋势，如人工智能、大数据分析等，对其在财务会计中的应用进行案例研究。特别关注这些技术对财务数据处理速度、精确性以及决策支持的提升效果，为企业在信息技术创新方面提供实践建议。

（四）国际和国内财务会计准则的研究

国际和国内财务会计准则的研究将明确关注它们之间存在的差异，并深入分析这些差异对企业实际应用的影响。通过比较研究，本研究旨在探讨如何更好地适应不同准则体系，以确保企业在全球范围内的合规运营。

首先，关注国际财务报告准则（IFRS）与国内财务报告准则（例如，中国会计准则）之间的基本差异。这涉及资产计量、收入确认、关联交易等方面的规定上的不同。通过详细比较两者的条文，可以深入了解其背后的理念和逻辑，为企业理解和遵循不同准则提供参考。

其次，研究国际和国内准则差异对企业财务报告的影响。这包括在财务报表编制过程中的调整和变化，以及这些调整对财务状况和业绩的实质性影响。案例分析可以揭示企业在采用不同准则时可能面临的挑战，为企业如何更好地应对这些挑战提供建议。

在适应不同准则体系方面，本研究将探讨企业在实际操作中的策略和方法。这包括制订合适的过渡计划、建立完善的内部控制机制，以及培训财务人员以适应新的准则要求。

最后，本研究将聚焦在如何确保企业国际化背景下的合规运营。这包括建立健全的财务报告和内部控制制度，以及定期进行准则变更的跟踪和评估。深入研究企业的成功经验和教训，为其他企业提供实用性的合规建议。

第二章
财务会计理论基础

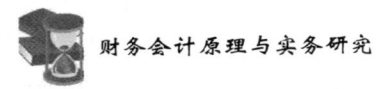

第一节 会计信息的功能

一、详细真实的财务信息呈现

会计信息以详细的财务报表为载体，为管理层提供了对企业全面的财务状况和业绩表现的深入认识。这种详细的财务信息的呈现通过资产负债表和利润表等项目，反映了企业的财务结构和盈利能力，为决策者提供了强有力的决策支持。

首先，在资产负债表中，企业的各项资产、负债和所有者权益都得到了详细而清晰的呈现。资产方面包括企业所有的资源，如现金、应收账款、固定资产等，而负债部分则记录了企业的债务和承担的义务。所有者权益则标识企业所有者对企业净资产的权益。这些详细的资产负债信息使管理层能够全面了解企业的经济实力、财务健康状况以及企业资金的运作情况。

其次，利润表详细列示了企业在一定时期内的收入、成本、费用和利润等重要财务指标。通过对营业收入、销售成本、税前利润等项目的详细分析，管理层能够洞察企业的盈利能力和经营绩效。这些详细的信息不仅揭示了企业经济活动的各个方面，还为管理层制定未来的经营策略提供了依据。

详细的财务信息具有高度的可靠性和真实性，这是建立在准确的会计记录和报告基础上的。高质量的财务信息确保了管理层从这些财务信息中获取的洞察是准确、可信的，使其能够更准确地了解企业的财务状况，从而作出更明智的决策。

财务信息的可靠性源于企业建立健全的会计制度和内部控制体系。这包括明确的会计政策、规范的记账程序和审计程序的科学性。这一系列制度和程序的建立保障了企业在记录和报告财务信息时的准确性，有效降低了信息失真的风险，从而确保了财务信息的高可靠性。

真实性是财务信息不可或缺的特点之一。会计信息真实地反映了企业的实际经济活动和财务状况，是基于客观事实而非主观臆测的。企业通过合规的会计原则和规范的财务报告程序，确保了财务信息的真实性，使其在决策制定中能够提供客观、可信的参考依据。

时效性是会计信息的一项重要特征，其重要性在于使其成为企业高效运作和灵活调整策略的基础。会计信息的时效性不仅要求及时获取最新的财务数据，而且需要决策者能够迅速准确地分析这些数据，在市场环境变化的情况下及时作出决策，从而确保企业在激烈的市场中保持竞争力。

时效性要求企业建立高效的财务信息收集和处理系统。这包括实时的数据记录和报告机制，确保财务数据能够在最短的时间内被记录并反映在相关的财务报表中。通过采用先进的信息技术和数据管理系统，企业能够更迅速地获取并整理财务信息，为决策提供及时的数据支持。

决策者的分析能力和反应速度至关重要。即使财务信息及时提供，但如果决策者不能迅速而准确地进行数据分析和理解，时效性的优势将大打折扣。因此，培养决策者的数据分析技能、提高其对市场变化的敏感性，是确保时效性发挥作用的关键。

二、制定战略规划和经营策略

首先，基于会计信息的深入分析，管理层能够制定战略规划，明确企业未来的长期目标和愿景。通过仔细审视财务报表中的资产负债状况、盈利能力和现金流状况，管理层可以更好地理解企业当前的经济状况。这有助于确定企业的战略定位，包括业务拓展、产品创新、市场竞争策略等方面的长期目标。

其次，会计信息的经营分析为管理层提供了制定具体经营策略的依据。通过分析财务报表中的成本结构、利润分配以及经营效益，管理层可以识别企业的经营亮点和潜在问题。这种深入了解有助于调整目标、重新分配资源，并形成更加灵活和可行的经营策略。

再次，战略规划和经营策略的制定还需要综合考虑市场环境的变化。管理层可以通过财务报表中的市场份额、销售额等数据，全面了解企业在市场中的竞争地位。这有助于制定应对市场变化的灵活战略，以适应激烈的市场竞争和不断变化的消费者需求。

最后，会计信息分析为管理层提供了制定切实可行的战略和策略的科学依据。通过深入了解企业的财务状况，管理层可以更好地评估战略计划的风险和回报，确保制定的战略规划和经营策略是符合企业实际情况的，从而提高执行力和战略成功的可能性。

第二节 会计信息质量与影响因素

一、会计信息质量要求

（一）数据的准确性

1. 源文件的可靠性

准确性的保障在会计信息体系中不仅局限于最终的报表，还涉及源文件的可靠性。源文件，如发票、收据等，是记录和反映企业经济业务的最初文件，其可靠性直接影响整个会计信息的真实性和准确性。

源文件的可靠性是确保数据准确性的重要一环。这涉及对企业业务交易的最初记录进行审查和核实，以确保这些记录的真实性和合法性。例如，在处理采购发票时，会计人员需要核对发票的真实性，确认所购商品或服务的存在和实际发生。这种核实程序有助于防止虚假信息，保障源文件的可靠性。

采用数字化技术是提高源文件可靠性的一种途径。电子发票、电子收据等数字化形式的源文件可以通过加密、时间戳等技术手段来防范篡改和伪造，提高信息的安全性和可信度。

2. 技术工具的应用

在现代财务会计体系中，采用先进的技术工具是提高数据准确性的重要途径。数据验证软件和自动化系统等工具的应用在很大程度上有助于减少潜在错误，降低人为录入错误的风险，从而显著提高财务数据的质量。

数据验证软件的使用为企业提供了一种高效的手段，能够在数据输入初期就发现潜在错误。这类软件通常能够对数据进行实时监测和验证，识别异常数据和逻辑错误。例如，当系统检测到一个不符合规定范围的数字或者不符合逻辑关系的数据时，会立即发出警报，提醒财务人员进行核查和修正。这有效提高了数据的整体准确性。

自动化系统应用在很大程度上简化了数据处理流程，降低了人为录入错误的可能性。通过将财务系统与其他业务系统进行集成，实现数据的自动传递和同步，可以大幅减少手工操作，降低因手动录入而引发的错误。自动化系统还能够提高数据的一致性，确保不同部门和业务环节的数据一致性，避免由于信息孤岛导致的错误。

除此之外，人工智能（AI）和机器学习（ML）等技术也为数据准确性提升提供了新的可能性。这些技术能够通过分析历史数据、识别模式，自动发现异常和潜在错误，并通过学习不断提高其准确性。

（二）数据的完整性

在财务会计领域，确保数据的完整性是保障财务信息质量和全面理解企业经济业务的重要环节。完整的数据应当全面涵盖企业各个方面的经济活动，包括各类资产、负债、所有者权益等，以确保信息的全面性和真实性。

数据的完整性意味着不仅关注财务报表上的核心项目，还要关注企业各个方面的经济活动。这包括但不限于企业的投资、融资、运营等方面的活动。例如，在关注资产方面，除了关注资产总额外，还需要详细了解各类资产的构成，如固定资产、流动资产等，以全面把握企业的资源配置状况。同样，在关注负债方面，不仅要了解负债总额，还需要详细了解各项负债的性质和期限，以更好地评估企业的偿债能力。

保障数据的完整性需要关注财务信息的数据来源和采集过程。确保源文件的完整性和准确性，如发票、收据等，对于构建全面准确的财务信息至关重要。通过建立健全的内部控制机制，对数据来源进行验证和核实，可以有效降低数据缺失或错误的可能性，提高数据的完整性。

维护数据的完整性还要关注财务信息的时效性，及时记录和报告企业的经济活动。在全球商业环境动荡不安的背景下，及时获取并记录经济活动对于企业决策和风险管理至关重要。时效性保证了数据的及时性，使决策者能够基于最新的信息作出明智的决策。

保障数据的完整性是为了杜绝信息的遗漏，确保所有重要的经济交易都能得到准确而全面的记录。在企业的财务管理中，信息的遗漏会导致对财务状况的片面了解，因此，采取措施避免这一问题至关重要。这不仅有助于提高数据的质量，还能确保读者对企业的财务状况能够形成全面而真实的认知。

为了避免信息的遗漏，企业需要建立健全的业务流程和信息记录系统。明确每一个业务环节的流程和责任，确保每一笔经济交易都能够被正确记录。这包括对采购、销售、资金流动等重要业务活动的详细规定和操作步骤，防止遗漏重要信息的风险。

内部控制机制的建设也是防止信息遗漏的重要环节。通过建立有效的内部控制程序，包括审计程序、审查和授权制度，可以在业务流程中嵌入监督和检查的机制，从而及时发现和纠正信息的缺失。内部控制的角色在于确保每一个环节都经过适当的审核和核实，以保证信息的完整性和准确性。

（三）数据的一致性

1. 一贯的会计政策和方法

一致性原则要求企业在不同时间点和会计期间采用相同的会计政策和方法，以确保财务信息在时间上的一致性和可比性。这些原则在财务会计体系中扮演着重要角色，为读者提供了一个稳定的比较基准，使其能够更好地了解企业的经营状况和变化趋势。

首先，一贯的会计政策和方法有助于确保财务信息的真实性和可信度。通过在不同时间点采用相同的会计政策，企业能够保持对经济业务的一致记录，防止因不同政策导致的信息失真。这有助于读者更准确地理解企业的财务状况，从而提高决策的准确性。

其次，一致性原则为读者提供了更好的财务比较基准。在企业采用一致的会计政策和方法的情况下，读者可以更容易地比较不同会计期间的财务信息，分析企业在不同时间点的经营表现。这为读者提供了一个相对稳定的框架，有助于他们更好地理解企业的发展轨迹和趋势。

此外，一致性原则还有助于提高财务信息的可比性。在不同企业和行业之间，一致的会计政策和方法使得它们的财务信息更容易进行比较和分析。这有助于读者更全面地了解企业相对于同行业其他企业的表现，促进行业水平上的比较和竞争力的评估。

2. 会计政策变更的合理解释

一致性原则在财务会计中是至关重要的，然而，并非一成不变。企业在经营过程中会面临不断变化的外部和内部环境，这些变化需要企业对会计政策进行调整。因此，当发生会计政策变更时，企业有责任提供合理的解释，以确保读者理解变更的原因，并且维持财务信息的一致性。

会计政策的变更出于多种原因，主要原因之一是应对经营环境的变化。企业面临法规的变更、行业标准的更新、商业模式的调整等因素。在这些情况下，为了更准确地反映企业的财务状况，会计政策的调整是必要的。合理的解释包括详细地说明这些变化是如何影响企业财务报表的，以及为什么变更是必要的。

另一个常见的原因是为了提高财务信息的可理解性和透明度。企业意识到原有的会计政策在传达信息时存在歧义或者不足以满足利益相关方的需求。在这种情况下，调整会计政策可以提高财务信息质量，使其更符合实际情况，同时增强读者对财务状况的理解。

维护信息的一致性仍然是至关重要的，因此在提供合理解释的同时，企业还需确保变更后的会计政策与之前的政策在逻辑和方法上保持一致。这可以通过提供详细的过渡安排、清晰地说明变更对之前期间的影响等方式来实现。

3.财务报表的时序一致性

时序一致性是指在同一时间点上，财务信息的呈现是一致的，这有助于读者更好地理解企业的财务状况。时序一致性强调了财务报表中各期数据之间的一致性，使得相关使用者能够进行有效的时间序列分析，更全面地了解企业的经营状况和财务表现。

时序一致性要求这些报表中的相同项目在相邻的会计期间之间能够进行比较，而且这种比较是有意义和可靠的。这一要求确保了读者在分析企业的财务历史时，能够追踪不同时间点的变化趋势，形成更完整的企业经营画面。

（四）数据的可比性

标准化财务报告形式在提高数据可比性方面发挥着重要作用，尤其通过采用国际会计准则或行业标准，确保企业的财务信息能够与其他企业或同行业进行有效比较。这一过程旨在建立一个共同的财务报告框架，使不同企业之间的财务信息更具一致性，为投资者、分析师和其他利益相关方提供更可靠的信息基础。

采用标准化的财务报告形式有助于消除由于不同企业采用不同会计政策和方法而导致的信息不一致性。国际会计准则（IFRS）作为全球通用的财务报告框架，为企业提供了一个统一的会计语言，使得其财务信息在国际范围内具有可比性。这种标准化的财务报告形式帮助企业避免了由于地域、法规或行业差异而引起的理解困难，为全球范围内的投资者提供了更透明和更容易理解的财务信息。

在行业层面，制定和采用特定行业标准也是提高可比性的有效途径。这些标准考虑到了特定行业的经营模式和会计特点，通过规范化财务报告的格式和内容，使得同行业企业之间能够更精确地进行比较。这不仅有助于投资者更好地评估企业在特定行业中的地位，还促使企业更加透明地展示其重要业务指标和财务状况。

标准化财务报告的实施还在一定程度上降低了信息不对称风险。投资者能够更容易地比较不同企业的财务绩效，从而更明智地作出投资决策。同时，这也为企业提供了更多机会吸引投资，尤其是国际资本市场的投资。

二、影响会计信息质量的因素

（一）管理层的道德水平

1. 管理层的诚信度

管理层的道德水平直接关系到企业财务信息的真实性。在企业运作过程中，管理层的高度道德水平对于维护财务信息的可信度和真实性至关重要。管理层的诚信度反映了其遵循伦理规范和职业操守的程度，进而影响了整个财务信息记录和报告的过程。

当管理层具备良好的诚信度时，他们可以采取诚实、透明的行为对企业财务活动进行报告。这种诚信度意味着管理层不会故意操纵财务数据或误导读者，而是会尽力确保所记录和报告的信息是真实可靠的。这种诚实的态度有助于建立财务信息的信任基础，使得各利益相关方能够放心地依赖这些信息作出决策。

在高度诚信的管理层领导下，企业的内部文化更注重道德和合规。管理层的诚信度在一定程度上影响企业内部控制的有效性，进而影响财务信息的质量和可信度。

2. 信息披露

管理层的道德水平直接影响信息披露的透明度，而高度透明的信息披露对于提高财务报告的可读性和可理解性至关重要。透明度是指企业对内外部各利益相关方提供关于其经济状况、经营绩效和未来展望的清晰和全面的信息程度。

在一个具有高度透明度的信息披露环境中，管理层倾向于提供详尽而清晰的财务信息，包括财务报表、注释、附注和管理层讨论与分析等。这种全面的信息披露使投资者和其他利益相关者能够更全面地了解企业的财务状况，有助于建立对企业经营状况的信任。

管理层的良好道德水平促使其积极主动地披露重要信息，而不仅仅满足法定要求。透明度还包括对会计政策、内部控制体系、风险管理和未来计划的清晰说明，使读者能够更好地理解企业的运营和决策过程。

此外，高度透明的信息披露有助于维护信息的真实性。透明的披露意味着管理层愿意公开展示企业的运营状况，不隐瞒不利信息，增强了信息的可信度。

透明度还为投资者提供了更好的投资决策依据。投资者能够更深入地分析企业的业务模式、风险因素和潜在增长机会，从而更明智地作出投资决策。

（二）企业内部控制体系

1. 明确的内部审计程序

健全的内部控制体系包括明确的内部审计程序，这对于保障信息的质量至关重要。内部审计是一种系统性的、独立地评估和改进组织风险管理、控制和治理过程的活动。其通过对财务流程的全面审查，旨在识别潜在的错误和欺诈行为，从而提高企业信息的质量。

首先，内部审计程序要求有明确的目标和范围。这意味着审计人员需要明确了解审计的目的，以便有针对性地评估财务流程中存在的问题。同时，审计的范围也需要明确定义，以确保审计的全面性和有效性。

其次，内部审计程序强调对财务流程的全面审查。这包括对财务交易的记录、处理和报告过程的仔细审查，以确保其符合相关法规和会计准则。全面审查有助于发现潜在的错误，提前纠正问题，从而保障财务信息的准确性。

最后，内部审计程序要求审计人员在发现问题后及时提出建议和改进意见。这种及时反馈有助于企业迅速纠正存在的问题，提高内部控制的效果，进而提高信息的质量。

2. 管理层审查和授权制度

内部控制体系的健全性在于其审查和授权制度的有效建立。管理层审查和授权制度是一种监督机制，通过该制度，管理层能够有效地监督企业的财务信息，确保财务报表符合法规和会计准则的要求。

首先，管理层审查制度涉及对财务信息的仔细审查。管理层必须对财务报表中的各项数据进行深入审查，以确保其真实性和准确性。这需要对财务报表中的各项数据、交易和账目进行详尽的了解和核实。通过审查，管理层能够及时发现潜在的错误或问题，确保报表的质量。

其次，审查制度需要具备独立性。这意味着审查过程应该由与编制财务报表过程相互独立的人员或部门进行，以防信息操控行为的发生。这有助于确保审查的客观性和公正性，从而提高财务信息的可信度。

同时，授权制度是审查制度的延伸。一旦经过审查确认财务信息的准确性，管理层需要通过授权制度正式批准财务报表的发布。这包括对报表的签署和授权，确保报表的准确性和合规性。授权制度也强调管理层对财务信息的最终责任，促使其对企业财务状况负起更加明确的责任。

（三）外部审计

1. 科学的审计程序

科学性审计程序在保障会计信息质量方面发挥至关重要的作用。审计师通过运用科学性审计程序，对企业的财务报表进行系统检查，以确保所提供的财务信

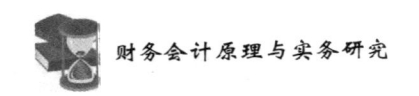

息的准确性和完整性，从而增强信息的可信度和可靠性。

科学性审计程序注重审计方法的科学性和系统性，确保审计过程具有科学的基础和严密的逻辑。审计师使用科学性审计程序时，采取系统性的方法对企业的财务数据进行检查，而非仅仅依赖于主观判断。这有助于提高审计的客观性和可重复性，从而保障审计的科学性。科学性审计程序注重对财务报表的全面检查。审计师通过科学性审计程序不仅关注重要项目，还对所有与企业经济业务相关的数据进行全面审查。这确保审计的全面性，使得潜在的问题和错误更容易被发现，从而提高审计的有效性。

2.欺诈行为的检测

欺诈行为的检测是审计程序中至关重要的一环，而严密的审计程序不仅有助于确保企业财务信息的准确性和完整性，更能有效地发现潜在的欺诈迹象，维护信息的质量和可信度。

首先，严密的审计程序注重对企业财务记录的深入审查。审计师通过深入审查企业的财务记录，对各项经济活动进行全面而系统的检查，这种深入审查有助于审计师更好地了解企业的财务状况。

其次，审计程序的严密性在于其全面性和系统性。审计师通过对企业的财务报表、会计记录和相关文件进行系统性检查，以确保所有的重要业务活动都得到审查。这种全面性的审查有助于发现异常和不一致性，从而降低了企业发生欺诈行为的可能性。

此外，审计程序通过建立有效的内部控制体系，限制潜在的欺诈机会。健全的内部控制能够有效地防止和检测操纵财务信息的行为，提高信息的质量和可靠性。审计师通过对内部控制的审查，不仅可以发现潜在的风险，也可以评估内部控制体系的有效性。

第三节 国内外财务会计准则

一、国际和国内财务会计准则

（一）国际财务报告准则（IFRS）的全球范围应用

国际财务报告准则（IFRS）作为国际上通用的财务报告框架，为全球范围内的企业提供了一致的会计原则。

IFRS 在全球范围内被许多国家和地区广泛采用。这种一致性有助于降低企业跨国经营时面临的会计处理方式差异，使得国际企业更容易理解和比较彼此的财务信息。

其次，IFRS 的全球适用性得益于其与国际会计准则理事会（IASB）的紧密合作。IASB 作为 IFRS 的颁布者，通过广泛征询各方意见和深入研究全球会计实践，确保 IFRS 能够充分考虑各国经济环境和法律制度的差异。这使得 IFRS 的制定更具全球适用性，能够满足不同国家和地区企业的需求。IASB 通过定期修订和更新 IFRS，来适应不断变化的商业环境和国际财务报告的发展趋势。这种灵活性使得 IFRS 能够在全球范围内保持其适用性，并确保其仍然符合国际商业的需求。

资产、负债、权益、收入和费用等要素被视为构成财务报表的基本要素。IFRS 对这些要素进行了明确定义，规定了它们的特征和确认条件，从而确保不同企业在报告财务状况和业绩时采用的是一致的概念和标准。

IFRS 规定了企业如何确认和计量财务报表中的要素，以确保信息的可靠性和可比性。IFRS 通过规定公允值、历史成本和现值等计量基础，为企业提供了在不同经济环境下进行一致计量的指导原则。

（二）国内财务会计准则的形成

国内财务会计准则的相对独立性体现了对我国国情和行业特点的深刻反映，其制定考虑了国家特有的经济体制、法规环境以及行业的独特性。这一相对独立的制定过程保障了财务报告更贴近国内企业的实际情况，从而提高了准则的适用性和可操作性。

国内财务会计准则在制定过程中对国家的经济体制进行了深入研究和理解。这包括国有企业和私营企业在会计处理上的区别，对不同所有制企业的核算方式做出具体规定，使准则更好地适应国内环境。

法规环境也被充分考虑。国内财务会计准则制定过程中，会充分考虑国家的法规环境，确保准则的合规合法。这包括对财务报告披露的合规性要求、会计政策的法律依据等方面的详细规定，以应对国内法规的变化和调整。

最后，行业特点是制定国内财务会计准则需要重点考虑的因素之一。由于不同行业具有各自独特的经营特点和财务需求，国内财务会计准则对于不同行业的核算处理进行了差异化规定。这使准则更好地反映各行业的实际情况，使其更具操作性。

二、会计准则对企业会计实践的指导作用

（一）规范会计处理和报告程序

1. 会计处理的一致性

财务会计准则的要求确保企业在记录和报告财务信息时遵循会计处理的一致性原则，这一原则的一贯应用在财务报告的可比性和企业间比较的实质性方面发挥重要作用。

首先，一致性原则意味着企业在相同的经济事件或交易发生时采用相同的计量和报告方法。例如，当计算资产的折旧或确认收入的时点时，企业需要一贯地应用相同的会计政策。

其次，一致性有助于提高财务报告的可比性。当企业采用一致的会计处理原则时，不同企业之间的财务报告更容易进行比较和分析。这使投资者、分析师和其他利益相关方能够更准确地评估企业的财务状况和经营绩效，从而作出更明智的决策。

此外，一致的会计处理有助于维护信息的真实性和可靠性。通过在相似的情境中一致地应用会计原则，企业能够避免在财务报告中引入人为的变动或误导性信息。这为各利益相关方提供了可信赖的财务信息，加强了企业与其利益相关方之间的信任关系。

2. 报告程序的规范化

财务报告程序的规范化在维护报告准确性和及时性方面发挥至关重要的作用。这一规范化涵盖报告的时间安排、格式标准以及报告内容等，为企业提供了一个统一的框架，以确保其财务信息的合规性和质量。

首先，规范化的报告程序确保报告的时间性。财务准则规定了财务报告的截止日期和提交时间等时间要求，使得企业能够按照预定的时间表进行报告。这有助于保证投资者和其他利益相关方能够及时获取最新的财务信息，从而更好地了解企业的经营状况和财务表现。

其次，规范化的报告程序强调报告的格式标准。准则规定了财务报告的结构、项目分类、披露要求等方面的标准，这使得读者能够更容易地理解和比较不同企业的财务信息，促进市场的透明度和公平性。

最后，规范化的报告程序还关注报告内容的完整性。准则规定必须包含的核心项目和相关披露，确保报告的全面性。通过明确定义报告的内容要求，企业能够提供对其经济状况、经营成果和现金流等重要方面的全面信息，为各利益相关

方提供更翔实的财务信息。

（二）促使企业建立健全的财务制度

会计准则的实施不仅规范企业的财务报告流程，而且在促使企业建立健全的内部控制机制方面发挥重要作用。这一过程旨在有效防范和发现潜在的财务风险，从而提高企业财务信息的可靠性与透明度。

首先，财务会计准则通过明确的报告要求，推动企业建立一系列的内部控制程序。这包括财务信息的收集、记录、报告等，确保信息在流转过程中的准确性和完整性。

其次，内部控制机制的建立也关注企业的风险管理。准则对财务报告中可能存在的风险进行明确识别，并要求企业采取相应的控制措施。这有助于防范潜在的错误或欺诈行为，保障财务信息的真实性和准确性。健全的内部控制制度为企业提供了有效的保障，使其在面临外部和内部压力时能够更好地应对风险。

此外，财务会计准则强调内部审计的重要性。企业需要建立内部审计程序，对财务报告的流程和实施进行全面审查，确保财务信息符合准则的规定。内部审计作为内部控制的一部分，有助于发现潜在问题并及时纠正，提高整个财务信息系统的稳定性。

（三）提供可靠的决策信息

1. 透明度的提高

财务会计准则的遵循对于提高企业财务信息的透明度具有重要意义。通过遵守这些准则，企业能够通过财务报告进行信息披露，使各类利益相关方更清晰地了解企业的财务状况和经营绩效。透明度的提高不仅有助于建立信任，还能够在市场上树立企业的良好声誉。

2. 决策信息的可靠性

通过准则规范的财务报告，企业提供可靠的决策信息，为投资者、债权人和其他利益相关方提供权威的参考。这种可靠性的信息对于各方作出明智的投资、融资等决策至关重要。

准则规范企业的财务报告流程，确保信息的可靠性和准确性。规定了一致的会计处理原则、报告程序和内部控制机制，使企业在财务信息记录和报告方面采用相同的方法，避免信息的混乱。这种规范性有助于确保财务信息的一致性和可比性，使投资者能够更加信任和依赖这些信息。

财务报告的可靠性使得投资者能够更全面地了解企业的财务状况和经营绩

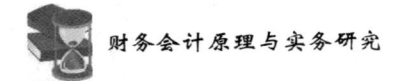

效。通过详细的资产负债表、利润表等项目，投资者可以深入分析企业的财务结构和盈利能力，为投资决策提供有力的信息支持。可靠的财务信息还能够降低投资者的不确定性。

此外，财务报告的可靠性对于债权人的决策具有重要作用。债权人需要准确的财务信息来评估企业的偿债能力和信用风险。通过了解企业的财务状况，债权人可以更好地制定借款条件和利率。

第三章
财务报表编制与分析

第一节　资产负债表、利润表与现金流量表的编制原则

在财务报表编制过程中，三大财务报表（资产负债表、利润表、现金流量表）遵循一系列基本原则，以确保报表的准确性和一致性。

一、权责发生制原则

我国《企业会计准则》规定企业应以权责发生制进行会计确认、计量和报告。这一原则强调了财务报表应当根据交易和事项发生的时间点进行编制，而不是依据实际的收付款时间。这种做法的目的在于确保财务报表能够真实地反映企业在特定时期内的财务状况，不受现金流动的时间差异所影响。

该原则的重要性体现在其对财务报表编制时间的明确要求上。按照权责发生制原则，交易和事项被确认的时间点是发生了权利和责任的时间。这与实际款项的收付无关，而是侧重于业务活动的经济实质。通过强调这一时间点，权责发生制原则使得财务报表能够更准确地反映企业在报告期内的经济活动，从而提高财务信息的质量和准确性。

在实际应用中，权责发生制原则对收入和费用的确认起至关重要的作用。这种基于事务发生时间的确认方式，有助于实现财务报表与实际业务活动的一致性，使财务信息更真实、更可靠。

权责发生制原则的实施不仅有助于提高财务信息的时间一致性，更具有防范财务操纵和误导性报告的效果。通过强调交易事项的实际发生时间，企业被促使避免在报告期末为了实现某些目标而随意调整收入或费用的行为。这有助于维护财务报表的可信度，增强投资者和其他利益相关方对企业财务信息的信任感。

在财务会计领域，权责发生制原则对于收入确认的影响是不可忽视的。根据这一原则，企业应在实际收款前确认相应的收入，强调的是业务活动中权利和责任的发生时间。这种做法与实际支付的时间无关，旨在确保企业能够及时、准确地反映其业务活动对财务状况的实质性影响，从而提高财务信息的及时性和准确性。

第三章 财务报表编制与分析

权责发生制原则要求企业在发生了与交易或服务相关的权利和责任的时候确认相应的收入。这与实际款项的收付时间无关，而是关注业务活动的经济实质。这种做法的核心在于将收入确认与实际支付解耦，确保财务报表更准确地反映企业的实际业务活动，不受支付时间的制约。

具体而言，权责发生制原则的应用体现在两个方面。首先，对于产品销售，收入的确认通常与产品的交付时间点相关，而非客户支付的时间。这意味着即使客户尚未付款，一旦产品交付，企业就应该确认相应的销售收入。其次，对于服务业务，收入的确认与服务完成的时间点相关，而不是客户支付的时间。这确保企业在服务完成后能够及时反映其服务业务对财务状况的影响。

这一做法的优势在于提高财务信息的及时性。通过不将收入确认与实际支付挂钩，企业能够更迅速地反映其经济活动对财务状况的影响，使投资者、债权人和其他利益相关方更早地获取重要信息。这种及时性有助于支持决策者制定更具实效性的战略和规划，增强企业的竞争力。

此外，权责发生制原则的应用也有助于提高财务信息的准确性。通过强调与交易相关的权责发生时间，这一原则避免了因为收入确认与实际支付不一致而导致的误导性信息。这有助于增强财务报表的真实性和可靠性，维护企业的声誉和信任度。

二、实质重于形式原则

在财务会计领域，实质重于形式原则是一项重要原则，它强调在会计处理中应关注经济实质而非法律形式。这一原则的核心理念在于，企业在进行会计处理时应该更加注重交易或事项的经济实际影响，而不仅仅是其法律表象。这种做法的主要目的在于防范虚假交易，确保财务报表能够展现出真实的企业财务状况。

实质重于形式原则要求企业不仅要遵循法律规定，更应在会计处理中反映经济活动的实质性特征。这意味着企业需要更加关注交易或事项的经济本质，而不是仅仅依据其法律形式进行会计处理。这一原则的执行使得财务报表更具真实性和可靠性，有助于提高投资者和其他利益相关方对企业财务信息的信任度。

在实践中，实质重于形式原则体现在多个方面。

首先，它强调对于特殊交易结构的审慎分析。企业在面临涉及多个法律实体、复杂交易结构的情况时，应该更加关注这些交易的经济实质，而不是仅仅依据法律形式进行会计处理。这确保了财务报表对企业真实财务状况的准确反映，避免了通过法律结构的优化来掩盖实际经济状况的情况。

· 27 ·

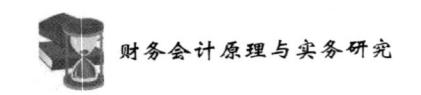

其次，实质重于形式原则在收入和费用的确认方面发挥重要作用。在实际业务活动中，可能存在与法律形式不完全一致的情况，如长期合同、特殊销售安排等。这种情况下，企业需要更加强调交易的经济实质，以确保收入和费用的确认与实际业务活动相符，防范虚假交易的发生。

第二节 财务报表分析

一、资产负债表分析

企业的资产负债表是企业财务报告中的重要部分，通过深入分析资产负债表，可以更全面地了解企业的资产结构、债务水平和财务稳健性。

（一）资产结构分析

1. 流动资产比例

企业的流动资产比例在总资产中的占比是财务分析中一个重要的衡量指标，对于评估企业的流动性和资产结构具有重要意义。流动资产包括现金、应收账款和存货等，而了解其在总资产中的比例使投资者和管理层更好地理解企业的财务状况。

特别值得关注的是其中现金、应收账款和存货的比例。现金是企业流动性最强的资产，其比例的高低直接影响企业的支付能力。较高的现金比例意味着企业有足够的流动性来应对短期债务或市场风险，而较低的比例则使企业更容易受到外部经济波动的影响。

应收账款的比例反映了企业销售产品或提供服务后，客户尚未支付的款项占总资产的比例。较高的应收账款比例表明企业销售条件宽松，但同时意味着回收欠款的难度较大，从而增加了呆账风险。

存货比例反映了企业持有的未售出的产品或商品。较高的存货比例暗示着企业面临库存积压的风险，尤其在市场需求下降时可能导致滞销。此外，过高的存货水平也会导致资金链断裂，影响企业的流动性。

2. 固定资产比例

企业的固定资产比例在总资产中的占比是财务分析中一个重要指标，它提供了企业固定资本投入情况的重要信息。固定资产包括土地使用权、建筑物、设备等资产，其在总资产中的比例可以为投资者和管理层提供有关企业资产结构和运营策略的调整依据。

分析企业固定资产比例时，需要考虑不同行业和企业之间的差异。不同行业对于固定资产的需求存在显著差异，例如，制造业和基础设施领域需要更大量的固定资产来支持生产和运营活动，而服务业更注重人力和技术资本。因此，固定资产比例的变化反映了行业的特殊需求和企业的战略定位。在一些资本密集型行业，企业往往需要更大的固定资本投入，以支持其生产过程和提高生产效率。这包括购置先进的设备、建设生产基地或购买土地等。相比之下，一些服务型企业更注重灵活性和创新，对固定资产的依赖相对较低。

固定资产比例的增加表明企业对于长期资产的投资较多，这是为了扩大产能、提高效率或应对市场需求的增长。然而，这也意味着企业在资本支出方面的较高风险，特别是当市场发生变化或技术进步迅猛时。

3. 无形资产和长期投资

关注企业的无形资产和长期投资构成是财务分析中的重要步骤，它提供了企业在技术创新和市场扩张方面投入情况的信息。无形资产包括专利、商标、软件著作权等，而长期投资则包括企业对其他企业的股权投资、债务投资等。深入分析这两项资产有助于评估企业未来的竞争力和成长潜力。

在无形资产方面，企业的技术创新和知识产权往往是无形资产的重要组成部分。关注无形资产的构成，可以了解企业在研发领域的投入和创新能力。例如，企业是否拥有一系列独特的专利和技术，这为其在市场上赢得竞争优势提供支持。同时，商标和品牌价值也是无形资产的一部分，它们对于市场定位和品牌推广具有重要作用。

长期投资涵盖企业对其他企业的股权和债务投资。通过详细了解长期投资的构成，可以揭示企业在市场扩张和战略合作方面的举措。例如，企业是否通过持有其他公司的股权来拓展业务领域，或者是否通过债务投资来建立与供应商或合作伙伴的关系。

评估无形资产和长期投资的构成不仅有助于了解企业当前的资产结构，还为未来的战略规划提供了线索。具有强大的技术和知识产权的企业更具创新力和市场竞争力，而多样化和战略性的长期投资则为企业在不同领域的业务提供支持。

（二）负债结构分析

1. 流动负债比例

企业的流动负债比例在总负债中的占比是财务分析中的一个重要指标，流动负债比例可以用来评估企业在短期内偿还债务的能力。在财务分析中，关注短期债务的比例有助于判断企业的财务风险水平，并为投资者和管理层提供有效的风险管理信息。

企业流动负债包括短期借款、应付账款等。这些项目通常具有较短的还款期限，对企业的偿债能力产生直接影响。高流动负债比例表明企业依赖短期债务较多，而过度的短期债务则导致偿债风险的上升。

分析流动负债比例的变化趋势，有助于投资者更全面地了解企业的财务状况。如果流动负债比例呈上升趋势，则意味着企业面临着更大的偿债压力，需要更多资金来偿还短期债务。反之，如果比例下降，则表示企业在偿债方面取得了较好的成绩。

高流动负债比例暗示企业面临着较高的财务风险。由于短期债务需要在较短时间内偿还，企业如果无法有效管理短期资金流动性，则面临着偿债压力，影响企业的正常经营。因此，高流动负债比例的企业需要谨慎评估其财务战略，可能需要调整资本结构或采取有效的流动性管理措施，以降低偿债风险。

2. 长期负债比例

企业的长期负债比例在总负债中的占比是财务分析中的重要指标，它提供了对企业长期融资状况的重要洞察。长期负债主要包括长期借款、债券等具有较长期限的债务，其在总负债中的比例对于评估企业的财务结构和长期融资能力至关重要。在进行财务分析时，关注长期负债比例有助于投资者和管理层更好地了解企业的财务健康状况，权衡财务杠杆对企业盈利能力的影响。

首先，关注企业长期负债比例的构成，特别是长期借款和债券，这些项目通常具有较长的还款期限，对企业的财务结构和长期融资能力产生直接影响。高比例表明企业依赖长期债务较多，而这增加了企业的财务杠杆，提高了财务风险。

其次，分析长期负债比例的变化趋势，有助于投资者更全面地了解企业的融资策略和长期财务规划。如果长期负债比例呈上升趋势，则意味着企业正在通过长期债务来支持扩张或投资计划。反之，如果比例下降，则表示企业更注重短期融资或已经成功偿还了部分长期债务。

最后，高长期负债比例带来财务杠杆效应，提高企业的盈利潜力。由于长期债务的利息支付相对较低，企业能够获得较高的杠杆效益，从而提高投资回报率。然而，这也伴随着较高的财务风险，特别是在利率波动较大的情况下。

（三）所有者权益

所有者权益包括股本、资本公积等。

二、利润表分析

企业的利润表提供了对其盈利能力和业务经营状况的重要洞察，通过深入分析各项指标，可以更好地理解企业的盈利模式和成本结构。

（一）收入

企业的营业收入构成是财务分析中的重要方面，它揭示了企业收入的主要来源以及其他与主营业务相关的收入。深入了解和分析营业收入的构成，有助于投资者和管理层更全面地了解企业经营的特点，判断其收入的稳定性、可持续性以及受季节性和周期性变化的影响程度。

首先，关注企业的主营业务构成，即核心产品或服务所创造的收入。主营业务通常是企业最主要的盈利来源，通过分析主营业务的构成，可以深入了解企业在市场上的定位、产品和服务的受欢迎程度以及竞争地位。了解主营业务的性质和特点对于评估企业的盈利能力和竞争优势至关重要。

其次，关注其他收入项，包括但不限于非主营业务收入、投资收益、补贴等。这些收入项来自企业多元化经营、投资组合或政府支持等方面。分析其他收入的构成有助于评估企业在多元化经营和其他领域的表现，以及这些收入对整体盈利的贡献程度。

进一步而言，关注营业收入的季节性和周期性变化。某些行业或业务受季节性因素较大，而另一些业务则受到经济周期的影响。了解这些变化有助于投资者更好地预测企业未来的收入情况，评估企业经营的稳定性和风险。

（二）成本构成

深入了解企业的成本构成是财务分析中的重要步骤，包括原材料成本、人工成本等。通过全面了解企业的成本结构，投资者和管理层可以更好地评估企业的盈利能力、经营效益和成本管理水平。

企业的生产成本包括直接材料成本、直接人工成本和直接制造费用等。直接材料成本涉及生产产品所需的原材料费用，直接人工成本则是与产品制造直接相关的劳动力成本，而制造费用则包括与生产过程直接相关的费用，如设备折旧、维护和能源成本等。深入了解生产成本的构成有助于评估企业的生产效率和成本控制水平。

（三）费用

费用包括销售费用、管理费用和财务费用。

销售费用包括广告费用、销售人员工资和促销费用等。销售费用是企业推动产品销售的重要成本，通过分析其构成，可以了解企业在市场推广、销售渠道和客户服务等方面的投入情况。这有助于评估企业的市场开发能力和销售策略的有效性。

管理费用包括行政人员工资、办公费用和管理层奖金等。管理费用反映了企业的管理和运营成本，通过分析其构成，可以了解企业在管理效率、人才培养和企业治理方面的投入状况。这对于评估企业的管理水平和治理体系的健康程度至关重要。

综合分析各项成本的构成，可以全面了解企业的经营状况。通过比较不同成本项目的占比和变化趋势，投资者和管理层可以发现业务的瓶颈和潜在的成本优化空间。这种全面的成本分析有助于企业更好地制定成本管理策略，提高盈利水平，降低经营风险。

（四）利润和利润率分析

1.毛利润率

毛利润率是企业财务分析中的一个重要指标，它反映了企业在生产和销售过程中的盈利能力，是衡量企业核心经营活动盈利水平的重要指标。通过深入分析毛利润率，投资者和管理层可以更全面地了解企业的盈利状况和竞争力，为企业战略决策提供重要的参考依据。

毛利润率的计算公式为毛利润除以销售收入，通常以百分比形式呈现。

高毛利率通常意味着企业能够有效地控制生产成本，提高产品或服务的销售价格，或者在市场中提供高附加值的产品。这反映了企业在技术创新、品牌溢价或高质量服务等方面的竞争优势。高毛利润率使企业更有能力承受成本上升、价格波动或市场竞争压力，从而增强了其盈利稳定性和可持续性。

毛利润率的变化可以反映行业和市场的竞争格局。在竞争激烈的行业中，企业会通过不断降低价格来争夺市场份额，从而导致毛利润率下降。相反，垄断性行业或高附加值市场中的企业更容易实现较高的毛利润率。因此，对毛利润率的监测有助于判断企业所处行业的竞争程度及其在市场中的地位。

毛利润率的分析应结合其他财务指标，如销售额增长率、净利润率和资产回报率等，以获取更全面的财务画面。例如，高毛利润率是由于较高的销售价格，但如果销售额不增长或净利润率下降，则表明企业在市场份额和盈利能力方面面临挑战。

2.净利润率

净利润率是企业财务分析中的一项重要指标，它是净利润与销售收入的比例，通常以百分比形式呈现。净利润率反映了企业在经过扣除各项费用和税收后，实际实现的净利润相对于销售收入的比例。深入分析净利润率有助于投资者和管理层更全面地了解企业的盈利状况、经营效益和成本管理水平，为战略决策提供重要的参考依据。

较高的净利润率通常表明企业能够有效地控制各项费用，包括销售费用、管理费用和财务费用等。有效的成本控制可以提高企业的盈利能力，使其在市场竞争中更具优势。高利润率可以反映企业在生产、销售和管理方面的高效率运营，从而增强其盈利的可持续性。

净利润率的分析可以反映企业的盈利模式和商业策略。不同行业和企业有不同的盈利模式，通过比较净利润率，可以了解企业是通过高利润和较低销售成本实现盈利，还是通过规模效应和市场份额来获取利润。这有助于投资者更好地理解企业的商业模型和盈利动力。

净利润率的变化可以反映企业在市场竞争和行业变化中的应对能力。在市场竞争激烈或行业周期波动的情况下，企业面临价格战和成本上升的挑战，从而影响净利润率。通过监测净利润率的动态变化，投资者可以更好地识别潜在的经营风险和市场压力。

最后，净利润率的分析还需要结合其他财务指标，如毛利润率、资产回报率和财务杠杆等，以获取更全面的财务画面。例如，较高的净利润率是由于有效的成本控制，但如果伴随着高财务杠杆和高负债水平，企业则面临较高的财务风险。

三、现金流量表分析

现金流量表分析是评估企业现金管理和偿债能力的重要依据，深入了解企业的现金流动状况有助于更全面地把握企业的财务健康状况。

（一）经营活动现金流量

经营活动现金流量反映了企业在日常经营中产生的现金收入和支出情况。深入分析经营活动现金流量有助于投资者和管理层更全面地了解企业的资金运作情况、经营效益和财务稳健性。

在关注企业经营活动现金流量时，首先要关注的是现金收入。这包括销售商品和提供劳务所带来的现金流入。通过详细分析销售收入的组成部分，可以了解企业主营业务的盈利状况。如果现金收入来源广泛、稳定，则说明企业在市场上具有竞争力，并且能够持续产生现金流入，企业财务稳健。

现金支出涉及支付给供应商的费用、支付工资、支付税费等。通过详细了解这些支出的性质和规模，可以评估企业的成本管理水平和财务风险。例如，如果企业能够有效控制采购成本、合理支付工资并及时履行税收义务，那么它更具竞争力和盈利能力。

此外，企业还需要结合其他财务指标，如毛利润率、净利润率和资产回报率等，来全面分析企业的经营状况。例如，经营活动现金流量净额的增加意味着企业更好地管理经营活动中的现金流入和支出，但如果这一增加并未伴随着盈利水平的提高，则需要深入探讨其背后的原因。

（二）投资活动现金流量

投资活动现金流量是企业财务报表中的重要部分，它反映了企业在投资方面的现金收入和支出情况。通过深入分析，投资者和管理层可以更全面地了解企业的资本运作情况。

对于投资现金流量涉及企业在购买固定资产和取得投资方面的现金流入和流出情况。购买固定资产的现金支出通常与企业的发展和扩张有关，而取得投资的现金流入则涉及投资回收等情况。通过分析投资现金流量的细节，可以了解企业在资本支出和资本收回方面的具体情况，从而评估其对未来发展的投资计划和资本运作策略。

（三）筹资活动的现金流量

融资现金流量的分析聚焦于企业在融资活动中的现金收入和支出。这包括股权融资、债权融资和支付股利等。

进一步而言，需要关注企业的融资成本和融资来源的多样性。高成本的融资会增加企业的财务负担，而过于依赖单一融资渠道会增加财务风险。通过比较融资成本和多样性，可以评估企业在融资方面的谨慎性和稳健性。

第三节　财务报表中的财务指标解读

一、净利润率的详细解读

净利润率是一个重要的财务指标，它反映了企业在销售过程中实际获得的净利润与销售收入的比例。净利润率的计算公式为净利润除以销售收入，通常以百分比表示。以下是对净利润率的详细解读。

（一）定义和计算

净利润率是企业的净利润与销售收入的比率，计算公式为：

$$净利润率 = \left(\frac{净利润}{销售收入}\right) \times 100\% \tag{3-1}$$

（二）指标解读

净利润率是评估企业盈利能力的核心指标，这一比率反映了每单位销售收入中企业实际保留的净利润的比例，为企业财务健康状况的全面评估提供了重要信息。

较高的净利润率通常被视为企业盈利能力较强的标志。当企业能够在销售商品或提供服务的过程中保留更多净利润时，其可用于再投资、偿还债务或分配股利的资金就更加充裕。这有助于企业实现可持续发展，并为未来的发展提供稳固的财务基础。

净利润率不仅反映了企业盈利水平，还可以作为比较不同企业或同一企业在不同时间点的财务表现的重要依据。投资者通常会关注企业是否能够在激烈的市场竞争中保持较高的净利润率，这直接关系到投资回报率和长期投资的吸引力。

然而，需要注意的是，净利润率的解读需要结合具体行业和企业自身的特点进行深入分析。一些行业因为固定成本较高或竞争激烈，导致净利润率相对较低，但并不代表其营利能力差。因此，在进行净利润率评估时，企业必须考虑到行业背景、市场竞争状况以及企业经营策略等多方面因素。

（三）行业和企业比较

为了更全面地理解净利润率，企业必须进行行业内和企业间的比较分析。净利润率的合理水平不仅受到企业内部经营状况的影响，还受到行业差异、市场地

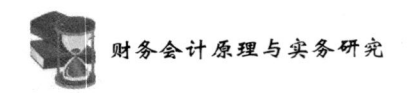

位以及企业自身特点等多方面因素的影响。通过与同行业其他企业或行业平均水平进行比较,可以更准确地评估企业的财务表现。

行业差异是影响净利润率水平的重要因素之一。不同行业具有不同的经营模式、成本结构和市场竞争程度,因此其合理的净利润率水平也存在差异。某些行业由于技术创新或市场需求导致较高的竞争,表现出相对较低的净利润率,而在其他行业,由于较少的市场竞争或高附加值产品,净利润率相对较高。

企业的市场地位对净利润率的影响不可忽视。在同一行业中,市场领导者通过规模效应、品牌溢价等手段实现更高的净利润率。相反,新进入市场或市场份额较小的企业需要更多投资来获取客户和市场份额,导致企业净利润率较低。

此外,企业自身的特点,如经营策略、管理效率、产品差异化等也会对净利润率产生重要影响。一些企业通过降低成本、提高生产效率等方式提升净利润率,而另一些企业则通过高附加值产品或服务实现更高的净利润率。

(四)财务决策的参考

净利润率为投资者和管理层各种财务战略和决策提供了有力的指导。

企业净利润率的提高可以通过降低生产成本、改进供应链管理或提高生产效率实现,企业能够在保持销售收入稳定的情况下提高净利润率。此举不仅有助于提高盈利能力,还能增强企业的竞争力。

提高产品定价是影响净利润率的有效途径。企业可以通过提供高附加值的产品或服务,调整价格策略,实现销售收入的提升。然而,在执行定价策略时,企业需要谨慎平衡市场需求和竞争环境,以确保提价不影响销售额。

另外,加强市场营销也是提高净利润率的重要手段。通过有效的市场定位、广告宣传和品牌推广,企业能够吸引更多客户、提高产品销售量,从而推动净利润率的增长。

财务决策的调整还受到经济环境的影响。在经济繁荣时期,企业应当注重扩大市场份额和投资业务扩张;而在经济不景气时期,企业应当关注成本控制和风险管理,以确保经济周期下的稳定盈利。

二、资产周转率的详细解读

(一)定义和计算

总资产周转率是企业销售收入与平均总资产之比,计算公式为:

$$资产周转率 = \frac{销售收入}{平均总资产} \quad (3-2)$$

（二）资产利用效率评估

总资产周转率是一个重要的财务指标，它反映了企业如何有效地利用其总资产创造销售收入。较高的周转率通常被视为企业能够更有效地运营，迅速将资产转化为收入，这对企业的盈利和财务健康至关重要。

资产周转率的计算公式为销售收入除以平均总资产。该比率的提高意味着企业在一定时期内更有效地利用其资产来支持销售活动。以下是对资产周转率重要性的更深入解读。

首先，资产周转率直接关系到企业的运营效率。高资产周转率表明企业能够在同样的资产基础上实现更多销售收入，这通常反映出企业拥有高效的生产能力和高水平的供应链管理，能够更快速地满足市场需求。

其次，资产周转率与库存管理密切相关。较高的资产周转率意味着企业有效地管理库存水平，防止过度库存的问题，从而减少持有资产的成本。这对企业的现金流和整体盈利能力产生积极影响。

此外，资产周转率还反映了企业在市场上的敏捷性。快速转动的资产意味着企业更灵活地适应市场变化，更迅速地调整业务战略，以满足不断变化的客户需求。

然而，需要注意的是，资产周转率的理想水平因行业而异，不同行业有不同的资产周转率标准。因此，比较资产周转率时应考虑所在行业的特点和平均水平。

（三）行业比较

因为不同行业具有不同的特点和运营模式，因此，其资产周转率的合理水平也会有所不同。

某些行业涉及大量固定资产或生产周期较长的产品，导致其资产周转率相对较低。相反，一些采用先进技术、注重创新和快速变革的行业具有较高的资产周转率。

不同行业的销售模式和市场周期也会对资产周转率产生影响。在需求波动较大的行业中，企业需要保持较高的库存水平以应对市场变化，这导致资产周转率相对较低。而在市场变化较为平稳的行业中，企业更容易实现资产的快速周转。

产业链中的位置也会对资产周转率造成影响。供应链环节中的企业因为承担了生产、库存等职能，其资金周转率相对较低。而销售环节中的企

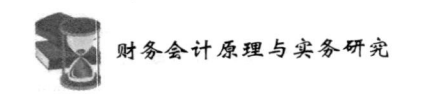

业由于更专注销售和市场拓展，其资金周转率相对较高。

在进行行业比较时，投资者和管理层应该关注行业内的领先企业，以了解该行业的最佳实践水平。对行业标杆的比较有助于确定企业在资产周转率方面的相对位置，并从中获取启示，推动企业优化运营、提高资产利用效率。

（四）周期性考虑

在评估资产周转率时，必须注意不同行业和企业存在的季节性和周期性差异，这些因素会对资产周转率产生影响。季节性和周期性的波动性导致短期内资产周转率的波动，而这与长期趋势存在差异。

首先，季节性因素受到不同行业的销售模式和季节性需求的影响。某些行业在特定季节会经历销售高峰，而在其他季节则面临销售低谷。这种季节性波动会对企业的资产周转率造成短期影响，但不一定反映其长期运营效率。

其次，周期性因素由经济周期引起，不同行业在经济周期的不同阶段会受到不同程度的影响。例如，周期性较强的行业在经济繁荣期经历销售增长，而在经济衰退期则面临销售下降。这种周期性波动会导致资产周转率在不同经济环境下产生波动。

在分析资产周转率时，需要综合考虑这些季节性和周期性因素，并专注于长期趋势而非短期波动。长期趋势更能反映企业在不同市场环境下的资产利用效率和运营水平。短期波动可能是正常的经济变化，而长期趋势更有助于揭示企业的内在运营状况。

（五）综合分析

在对企业的经营效率进行全面评估时，资产周转率是一个重要指标，但单独依赖该指标无法提供对企业全面状况的深入理解。因此，资产周转率应该与其他指标进行综合分析，以形成更全面的企业经营效率认知。综合分析还应考虑其他重要指标，如毛利润率、经营活动现金流量等。毛利润率提供了企业在销售中获得的利润与销售收入的比例，是盈利能力的重要指标。经营活动现金流量则关注企业实际经营活动中的现金流入与流出情况，为企业的资金运作提供更直观的了解。

三、财务杠杆比率

（一）概述

财务杠杆比率通过分析企业的债务融资程度，特别是负债总额与股东权益之比，用于评估其财务风险。

首先，财务杠杆比率的定义是企业利用债务融资的程度的度量，通常通过计算负债总额与股东权益之间的比值得出。这一比率反映了企业在资本结构中债务的占比，是评估其负债承担能力和资本结构稳健性的重要指标。企业倾向于通过债务融资获取资金，以期获取更高的回报，但同时需要承担相应的财务风险。

其次，财务杠杆比率的应用背景涉及投资者和管理层的决策过程。了解企业的财务杠杆情况对于投资者而言，有助于他们更全面地评估投资的风险和回报。高财务杠杆导致较高的潜在回报，但也伴随着更大的财务风险，因为债务的利息和偿还责任需要在特定期限内履行。相反，低财务杠杆则意味着相对稳健的资本结构，但限制企业获取更多资金的能力。

对于管理层而言，财务杠杆比率的了解有助于制定合理的财务战略。在追求企业发展和盈利最大化的同时，管理层需要谨慎考虑债务的使用，确保财务结构的可持续性。高财务杠杆的企业在有利的经济环境下获益颇丰，但在不利情况下更容易陷入财务困境。

（二）财务杠杆比率的分析

财务杠杆比率的分析涉及多个重要指标，这些指标为企业管理层和投资者提供了对企业债务水平和资本结构的信息，有助于其评估企业财务风险和偿债能力。

首先，负债总额与股东权益比是衡量企业杠杆水平的一项重要指标。该比率通过比较企业的负债总额和股东权益，反映了企业在融资中使用债务相对于股权的程度。较高的负债总额与股东权益比表明企业更依赖债务融资，具有较高的财务杠杆。尽管财务杠杆可以放大盈利，但也伴随着更大的财务风险，因为债务需要按期支付利息和本金。

其次，利息保障倍数是关注企业盈利水平是否足以支付债务利息的重要指标。该比率通过比较企业盈利与利息支出之间的关系，评估了企业支付债务利息的能力。低利息支付覆盖比率可意味着企业在支付债务利息方面存在较大压力，这导致债务违约的风险。高覆盖比率则表明企业有更大的盈利余地，可以更轻松地履行债务支付责任。

（三）应用案例

以两家实际企业为例，比较它们的财务杠杆比率，以分析该比率对盈利和风险的影响。这有助于投资者更全面地评估企业的财务状况，并为投资决策提供有

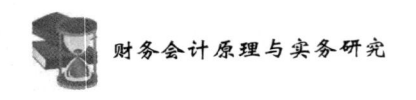

力依据。

首先，考虑企业 A 和企业 B 的财务状况。企业 A 的负债总额为 1 亿美元，而股东权益为 2 亿美元，因此，负债总额与股东权益比为 0.5。相比之下，企业 B 的负债总额为 2 亿美元，股东权益为 3 亿美元，负债总额与股东权益比为 0.67。通过比较这两个企业的负债总额与股东权益比，我们可以观察到企业 B 相对于企业 A 更依赖债务融资，财务杠杆更高。

其次，关注企业 A 和企业 B 的利息支付覆盖比率。假设企业 A 的年度息税前利润为 2000 万美元，而其年度利息费用为 1000 万美元，那么其利息保障倍数为 2。而企业 B 的年度息税前利润为 3000 万美元，年度利息支出为 2000 万美元，其利息保障倍数为 1.5。通过比较这两个企业的利息保障倍数，我们可以观察到企业 A 具有更好的偿债能力。

虽然企业 B 的财务杠杆比率较高，但企业 A 在盈利水平上更强劲，具有更好的偿债能力。这表明财务杠杆比率只是评估企业财务状况的一个方面，投资者需要综合考虑多个指标。在投资决策中，如果投资者更看重偿债能力和盈利水平，则更倾向于选择企业 A，尽管其财务杠杆较低。相反，如果投资者对风险回报有更高的接受度，则更倾向于选择企业 B。

这个案例强调了财务杠杆比率分析的重要性，并提醒投资者在评估企业财务状况时需全面考虑各项指标。通过对不同企业的比较，投资者可以更明智地制定投资策略，以实现资本的最优配置。

四、每股盈余的详细解读

每股盈余是企业净利润与普通股权益的关系指标，计算公式为：

$$每股盈余 = \frac{税后净利润}{普通股权益} \tag{3-3}$$

五、流动比率和速动比率

（一）概述

流动比率和速动比率是评估企业短期偿债能力的两个重要指标，对于投资者和管理层具有重要意义。

流动比率是流动资产与流动负债之比，旨在反映企业短期资产是否足以覆盖短期债务。具体而言，流动比率的计算公式为流动比率 = 流动资产 / 流动负债。该比率提供了企业在面临短期偿债压力时的经济实力，通常情况下，较高的流动比率被视为企业偿债能力较强。这是因为高流动比率意味着企业相对较多的流动资产可以用来清偿短期债务，降低了偿债风险。

速动比率在流动比率的基础上进行了进一步精简，排除了存货这一相对较不流动的资产。速动比率的计算公式为速动比率=（流动资产－存货）/流动负债。速动比率更加强调企业在没有售出存货的情况下偿还短期债务的能力，因此更侧重流动性较高的资产。与流动比率一样，较高的速动比率通常被解读为企业更具备迅速清偿短期债务的能力。

在实践中，投资者和管理层经常通过综合考虑流动比率和速动比率来全面评估企业的短期偿债能力。这两个指标的变化趋势可以揭示企业的财务稳健性和经营状况，为决策提供重要参考。对于投资者而言，了解企业的短期偿债能力有助于制定更明智的投资策略。对于管理层而言，及时关注这些比率的变化，有助于采取有效的财务管理措施，确保企业能够灵活应对各类短期偿债挑战。

（二）流动比率和速动比率的分析

流动比率和速动比率是重要的财务指标，用于评估企业的短期偿债能力。

流动比率是衡量企业短期偿债能力的重要工具。该比率通过将流动资产与流动负债相除，显示企业是否能够使用其最具流动性的资产来清偿短期债务。较高的流动比率通常被视为企业短期偿债能力较强的信号。然而，需要注意的是，极高的流动比率表明企业未充分利用其资产，因为它们持有过多的现金或其他流动性较高的资产，而未将其投资于更高收益的项目。

速动比率强调了企业在除去存货后的真实流动性。存货通常是相对不易迅速变现的资产，因此速动比率通过剔除存货，更专注流动性强的资产，如现金和应收账款。较高的速动比率意味着企业能够迅速偿还短期债务，因为其不依赖于存货的变现。然而，速动比率过度依赖于某些特定资产，则会掩盖企业的整体流动性风险。

（三）应用案例

通过实际企业数据的比较分析流动比率和速动比率，我们能够深入了解不同企业的短期偿债能力，并为投资者和管理层提供有利的决策依据。以两家代表性企业 A 和企业 B 为例，它们在同一行业运营，通过对其流动比率和速动比率的对比，我们可以得出如下结论。

企业 A 的流动比率为 1.5，而企业 B 的流动比率为 1.2。这意味着企业 A 相对于短期债务具有更强的偿还能力。企业 A 的速动比率为 1.0，企业 B 为 0.8。速动比率的比较凸显了企业 A 在短期内迅速偿还债务的能力。企业 B 相对于存

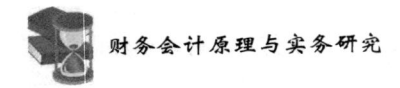

货等较不流动的资产比例较高，需要更谨慎地管理短期偿债。

在实际案例分析中，投资者和管理层可以根据流动比率和速动比率，更全面地把握企业的流动性状况。企业 A 更适合在短期内从容面对不确定性风险，而企业 B 则应更加注重高流动性资产的配置，以确保短期偿债的能力。

第四章
财务会计信息系统与技术支持

第一节　会计信息系统的结构与功能

一、会计信息系统的组成和功能

在现代企业中，会计信息系统由多个组成部分构成，每个部分都有其独特的功能，如图 4-1 所示。

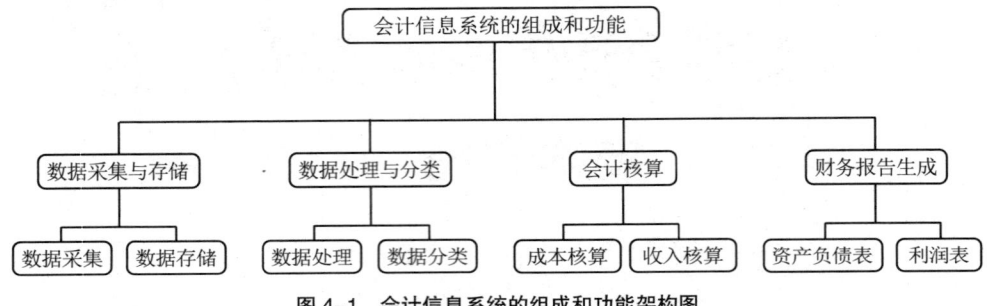

图 4-1　会计信息系统的组成和功能架构图

（一）数据采集与存储

1. 数据采集

数据采集在会计信息系统中扮演着至关重要的角色，是确保系统能够获取与企业业务直接相关的原始数据的首要任务。

传感器技术是一种常用于数据采集的先进技术。在生产制造领域，传感器可以安装在设备和机器上，实时监测生产过程中的各项参数，如温度、湿度、压力等。这些实时数据能够被系统直接获取，为成本核算、生产效率分析等提供了可靠基础。同时，传感器也可用于物流管理，通过实时跟踪货物位置和状态，提高库存管理的精确性，降低库存持有成本。

扫描仪等设备则在文档和纸质信息的数字化方面发挥重要作用。通过扫描仪，纸质文件可以被快速、准确地转换成数字形式，存储在系统的数据库。这样一来，企业的财务部门可以更加便捷地访问和管理大量的财务文档，实现了信息的电子化、集中化管理。

数据采集的有效性直接影响会计信息系统后续处理和分析的质量。通过高效的数据采集，系统能够获取更加全面、准确的原始信息，为企业提供了更可靠的财务数据。这对于企业内部的决策制定、财务分析等方面具有重要意义，同时有助于提升企业的竞争力和运营效率。

在数字化时代，充分发挥数据采集技术的优势，不仅能够提高企业内部运营效率，还能够为企业创新和发展提供更精准的数据支持。因此，将先进的数据采集技术与会计信息系统相结合，是企业在追求高效财务管理和决策过程中不可或缺的一环。

2. 数据存储

采集的数据需要经过妥善的管理和保存，而数据存储则是构建在会计信息系统核心组成部分的基础之上。这一阶段的重要目标是确保数据的安全性和可访问性，以满足企业对于财务信息高效管理的需求。在数字化时代，通常采用数据库作为主要的数据存储工具，以满足对大量、多样化数据的高效存储和管理。

数据库技术在数据存储中发挥着至关重要的作用。数据库是一个有组织的数据集合，能够以结构化的方式存储和检索信息。对于会计信息系统而言，数据库提供了一个稳定、安全的平台，可用于储存各类财务数据，包括采集的原始数据、经过处理的中间数据以及最终形成的财务报告等。

一方面，数据存储通过数据库实现了对数据的安全性保障。数据库系统通常具备多层次的安全控制措施，包括用户身份验证、访问权限管理等。这可以有效防范未经授权的数据访问，确保企业财务信息不被泄露或篡改。

另一方面，数据存储关注数据的可访问性。数据库系统提供了高效的数据检索和查询功能，使得用户能够方便快捷地获取所需的财务信息。这有助于企业管理层及时了解企业财务状况，做出明智决策。同时，数据库的备份和恢复机制能够应对意外情况，确保数据的持久性和稳定性。

（二）数据处理与分类

1. 数据处理

在会计信息系统中，数据处理是数据采集之后的重要步骤。一旦原始数据通过各种手段（如传感器、扫描仪等设备）被收集到系统中，数据处理阶段即成为确保这些数据能够被充分利用的核心环节。该阶段通过内置的算法和规则，将原始数据进行转化，使其变为可用于会计分析的表现形式，为后续的核算和报告提供坚实的基础。

首先，数据处理的核心在于通过系统内部的算法对原始数据进行加工。这一过程包括数据清洗、格式转换、归类等操作，以确保数据的准确性和一致性。通过内置的规则，系统能够自动地识别并纠正数据中的错误或不一致之处，提高数据质量，为后续的财务分析和报告提供可靠的数据基础。

其次，数据处理的目标之一是将原始数据转化为符合会计原则和标准的形式。这包括对成本的核算、收入的记录等，以确保企业的财务信息能够按照一定规范进行组织和呈现。通过这样的数据处理，系统为财务核算奠定了基础，有助于形成准确的财务报表，反映企业真实的经济状况和运营情况。

此外，数据处理还包括对财务数据的分类和分级。将数据按照不同的会计科目进行分类，为资产负债表和利润表等财务报表的生成提供了数据信息。这有助于企业更清晰地了解各项经济活动的影响，为管理层提供了更详尽的信息。

2.数据分类

在会计信息系统中，数据分类是数据处理的一个重要环节。一旦原始数据通过采集和处理，系统需要对这些数据按照会计原则和标准进行分类。这一步骤的主要目的在于确保财务信息的准确性和规范性，为后续的会计核算提供有序的数据基础。

数据分类的过程首先涉及对已处理的数据进行归类，按照各种会计科目和分类标准进行整理。这包括按照资产、负债、所有者权益等项目进行分类，以确保每一笔交易或经济活动都能被准确地归入相应的会计科目中。通过对数据进行合理的分类，企业能够更清晰地了解其不同方面的经济活动，为财务报表的生成提供基础。

（三）会计核算

1.成本核算

在会计信息系统中，成本核算是一个重要功能，涵盖了对企业各项成本的全面核算，包括直接成本和间接成本。这一过程对企业进行经济活动的费用分布提供了深入了解，为管理层提供了有力的决策支持。

首先，直接成本是指能够直接与产品或服务相关联的费用。在成本核算中，会计信息系统追踪并记录这些直接成本，包括原材料、直接人工和直接费用等。通过准确核算直接成本，企业能够了解每个产品或服务所需的资源投入，有助于制定合理的定价策略和生产计划。

其次，间接成本是指不能直接归属于特定产品或服务的费用，例如生产设备折旧、厂房租金和管理人员薪酬等。会计信息系统通过适当的分配方法对这些间接成本进行核算，并将其分配到各个产品或服务中。

成本核算的一个重要目标是为企业提供成本控制和效益评估的依据。通过了解不同环节和项目的成本构成，管理层可以采取相应的措施，优化资源配置，提高生产效率。成本核算也为企业的决策提供了数据支持，使管理层能够基于真实的成本情况制定战略决策，推动企业的可持续发展。

2. 收入核算

在会计信息系统中，收入核算是一个关键的环节，涉及记录和计算企业的各类收入，如销售收入。

销售收入是企业最直接的盈利来源之一。会计信息系统通过跟踪销售交易，准确记录每笔销售的金额和相关信息。这种数据的准确性对于制定销售策略、评估产品或服务的市场表现至关重要。通过收入核算，企业能够全面了解不同产品或服务的销售状况，为未来的市场决策提供支持。

收入核算的结果直接影响了财务报表的生成。资产负债表和利润表等财务报表的编制离不开准确的收入数据，这些报表反映了企业的财务状况和经营绩效。通过会计信息系统的收入核算，企业能够获得准确的财务数据，为财务报表的编制提供了可靠的基础。

（四）财务报告生成

1. 资产负债表

资产负债表是会计信息系统根据核算结果生成的一份重要财务报表，其主要目的是清晰展示企业在特定时间点的财务状况。这一报表被认为是财务报告中重要的组成部分之一，因为它向内外部的利益相关方提供了有关企业健康状况的详细信息。

资产负债表呈现了企业的资产和负债状况。在资产方面，资产负债表详细列出了企业拥有的各类资源，包括但不限于现金、应收账款、固定资产等。这使管理层和投资者能够全面了解企业的资产构成，从而评估企业的实力和资源配置情况。资产负债表展示了企业的负债情况。负债部分包括企业对外部的债务，如短期负债、长期负债等。通过这些详细的负债信息，企业的债务水平、偿还能力等情况一目了然。这对于债权人、投资者以及企业内部的管理层都具有重要的参考价值。

2. 利润表

利润表，作为会计信息系统生成的一项重要财务报表，对于管理层了解企业的盈利能力具有重要作用。通过系统计算企业在特定时间内的盈利状况，利润表清晰地呈现了企业经营活动的结果，为制定经营战略提供了重要依据。

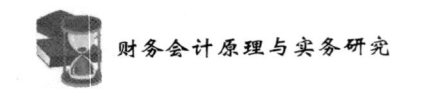

利润表详细列示了企业的收入来源。这包括销售商品、提供服务以及其他业务活动带来的收入。通过对收入的详细分类，管理层能够了解不同业务部门或产品线的贡献，有针对性地优化经营策略，提高盈利水平。

利润表明确了企业的各项成本和费用，包括直接成本、销售费用、管理费用等。这有助于企业识别盈利的主要驱动因素和成本的主要来源，为降低经营成本、提高盈利能力提供指导。

净利润即企业在扣除所有费用和成本后的盈余。净利润直接反映了企业在经营活动中所实现的盈利水平，是管理层评估企业盈利能力的主要依据。高净利润通常意味着企业经营良好，而低净利润则需要进一步分析和调整经营策略。

最后，利润表为企业的财务报告提供了完整的经营绩效概览。通过比较不同期间的利润表，管理层可以分析企业盈利能力的趋势，识别潜在的经营风险和机遇，从而有针对性地制定战略决策。

二、信息系统的作用

（一）提高工作效率

自动化处理是现代信息系统的一项重要功能，它通过程序化的方式自动执行那些重复性、烦琐的任务，显著提高了工作效率。在企业管理和财务会计领域，自动化处理发挥了重要作用，为员工提供了更多时间和精力专注于更具挑战性和战略性的工作。

实时数据更新是财务会计信息系统的一项重要功能，其在管理层决策和企业运营中发挥着至关重要的作用。通过实时数据更新，系统能够迅速反映企业各方面的财务状况，为管理层提供准确、及时的信息支持，从而使其做出明智决策。

首先，实时数据更新确保了财务信息的及时性。传统的财务报告需要花费较长时间来汇总和生成，导致管理层在做决策时只能依赖于过时的信息。而通过实时更新，系统能够将最新的财务数据反映给管理层，确保其始终掌握最新的企业状况。

其次，实时数据更新提高了决策的准确性。管理层在制定战略和业务计划时，需要基于准确的财务信息做出决策。实时更新的系统可以减少错误和数据不一致性，为管理层提供更加可信的数据基础，有助于制定更具实效性和针对性的决策。

此外，实时数据更新促进了企业的敏捷性。在不断变化的市场环境中，及时了解企业的财务状况对于迅速调整战略、适应市场变化至关重要。实时更新的系统使得管理层能够更灵活地应对挑战，及时调整业务方向，保持竞争力。

（二）提高准确性

1. 减少人为错误

自动化处理和数据验证功能在财务会计信息系统中发挥重要作用，主要通过减少人为输入错误的可能性来提高数据的准确性和可靠性。这一机制对于保障企业财务信息的精确性和可信度产生显著影响。

首先，自动化处理通过替代人工操作，有效降低了数据录入和处理环节的错误风险。自动化系统能够按照预定的规则和算法执行任务，减少了因人为疏忽而导致的输入错误。

其次，数据验证功能在自动化系统中起到了重要的作用。系统可以设置各种验证规则，确保输入的数据符合财务会计的准则和标准。例如，对于数值范围、格式、逻辑关系等方面进行验证，从而排除潜在的错误。这种主动性的验证过程有助于及时发现和纠正问题，提高财务数据的准确性。

这种自动化处理和数据验证功能的结合，不仅在日常财务操作中起到了防范错误的作用，也为企业提供了一个可靠的保障，确保财务信息的准确性。通过消除或最小化人为错误，企业更加信任其财务数据，为管理层决策提供更可靠的基础，使其能够基于准确的数据做出明智决策。

2. 一致性和标准化

一致性的数据处理确保了企业内部各环节和部门对于数据的处理方式是一致的。这意味着，系统会按照相同的规则和流程进行操作。这种一致性保障了数据的内部一致性，避免了由于不同环节采用不同处理方式而引起的数据矛盾和错误。企业内部各团队和岗位都能基于相同的数据进行工作，有助于形成整体协同效应，提高了工作效率和准确性。

标准化的数据处理是基于共同的规范和准则进行的。这意味着系统会采用一致的计量单位、会计政策和报告标准，使得企业的财务报告更具可比性。标准化确保了企业使用相同的度量标准，这对于企业的财务分析、绩效评估以及与外部利益相关者的沟通都具有重要意义。

在实际应用中，一致性和标准化的优势体现在财务报告的稳定性和可信度上。通过确保数据处理的一致性，企业能够更好地管理和监控其财务活动，减少因操作不一致而导致的错误。同时，标准化的数据处理使企业为外界提供了更加客观、公正的财务信息，使得企业的财务报告更具说服力和可靠性。

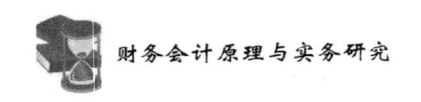

第二节　财务软件的应用与管理

在现代企业管理中，不同类型的财务软件被广泛应用，以提高财务信息处理的效率和准确性。

一、会计软件

云会计软件是一种基于云计算技术的会计解决方案。其特点包括以下方面。

（一）在线协作

在现代企业管理中，云会计软件作为一种先进的财务管理工具，有其独特的优势，其中最显著的优势是在线协作功能。云会计软件不再局限于传统的本地安装方式，而是基于云计算技术，允许多用户同时在线协作，实现团队共享和实时编辑，从而在提高协同效率方面发挥重要作用。

通过云会计软件的在线协作功能，团队成员可以在任何时间、任何地点通过互联网连接到软件平台，实时查看和编辑财务数据。这打破了时间和地域的限制，使得团队成员能够更加灵活地协同工作。此外，云会计软件通常提供权限管理功能，可细化到个人或团队层面，确保敏感财务信息的安全性。

实时编辑是在线协作的重要要素之一。多用户可以同时编辑同一份文档，系统能够智能地合并各用户的修改，避免了传统的文件版本管理问题。这种实时编辑的特性使得团队成员之间的沟通更加高效，能够迅速响应变化，减少信息传递的时间滞后，从而提高了整个团队的协同效率。

此外，云会计软件的在线协作还促进了团队间的信息共享。团队成员可以轻松地查看和获取最新的财务数据，无须依赖传统的文件传递方式。这种实时、便捷的信息共享加强了团队协作，使得决策过程更及时和准确。

（二）移动化

在数字化时代，移动化成为企业管理领域中的重要趋势之一。财务管理的移动化不仅通过移动设备实现随时随地访问，而且为企业管理层提供了实时监控财务状况和及时决策的便捷途径。

移动化财务管理的核心优势之一是其便携性。通过移动设备，如智能手机或平板电脑，管理层可以在任何时间、任何地点访问企业的财务数据。这使得管理人员不再受限于办公桌前，而是能够在出差、会议或其他场合随时查看重要的财务信息。这种便携性为管理层提供了更大的灵活性和时效性，使其能够更及时地了解企业的财务状况。

实时监控财务状况是移动化财务管理的重要功能之一。通过移动设备，管理层能够及时了解企业的现金流、利润状况以及其他重要财务指标。这有助于管理层更敏锐地捕捉市场变化、应对紧急情况，并及时做出相应的决策。

（三）安全性

在信息时代，财务数据的安全性是企业管理中至关重要的一环。云会计软件作为现代财务管理的重要工具，具备一系列高级的安全措施，以确保财务信息的机密性和完整性。

数据加密是云会计软件保障安全性的基础之一。通过采用先进的加密算法，软件能够对财务数据进行加密处理，使得未经授权的用户无法直接获取敏感信息。这种加密措施在数据传输和存储过程中都得到应用，有效地提高了财务数据的安全性。云会计软件通常实施多重身份验证机制。这意味着用户在登录或进行重要操作时需要提供多个身份验证要素，如密码、验证码、指纹等。多重身份验证有效地降低了未经授权访问的风险，为财务数据的安全提供了额外的保障。

云会计软件通常配备强大的访问控制系统。通过细致的权限管理，软件管理员可以灵活地设置用户的访问权限，确保每个用户只能访问其工作所需的财务信息，防范潜在的内部威胁。

定期的安全审计也是云会计软件保持安全性的重要手段。通过对系统进行定期审查和检测，软件提供商能够及时发现潜在的安全漏洞或异常活动，并采取相应的措施进行修复和防范。

二、ERP 系统

ERP 系统以综合管理为特点，包括财务、物流、人力资源等多种功能。其特征包括如下。

（一）ERP 系统的信息一体化

1. 综合数据集成

ERP 系统致力于实现企业内不同部门之间的数据一体化，通过整合各类信息资源，实现数据的集成与共享。这使企业能够更加高效地进行内部协作，消除信

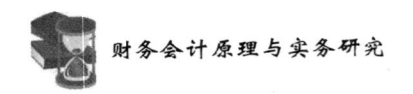

息孤岛的存在。通过 ERP 的数据一体化特性，企业能够更加迅速、准确地获取企业全面信息，为决策层提供更完整的数据支持。

2.提升信息流通效率

ERP 系统通过自动化和信息的一体化，提高了不同业务部门之间的信息流通效率。实现了从采购、生产到销售等各环节的无缝衔接，减少了信息传递的时间延迟，使企业能够更加及时地适应市场变化。这种信息流通的高效性有助于企业更好地应对市场竞争，提升整体运营效率。

（二）ERP 系统的业务流程优化

1.流程整合与优化

ERP 系统通过对企业内部业务流程的整合和优化，实现了各环节的高效衔接。从订单到生产、再到物流配送，ERP 系统能够自动化管理和监控整个生产流程。这种综合的流程管理使得企业能够更加灵活地调整生产计划，减少资源浪费，提高生产效率。

2.资源优化利用

通过 ERP 系统，企业能够更加精准地进行资源计划和分配，避免了资源浪费现象。系统能够根据实时数据进行智能化的资源管理，确保生产和供应链的高效运转。这对于提高企业的整体生产效率，实现资源的最优利用具有重要意义。

（三）ERP 系统的决策支持

ERP 系统提供全面的报表和分析功能，从销售、采购到库存等多个维度为管理层提供翔实的数据。这为管理层提供了全面的信息视角，帮助他们更好地理解企业的运营状况。通过对历史数据和趋势的分析，管理层可以更加准确地制定战略决策。

ERP 系统通过提供准确、实时的数据支持，使管理层能够基于事实做出明智的战略决策。系统中的各项报表和分析工具能够帮助管理层更好地了解企业的财务状况、市场表现等信息，为决策提供科学依据。这种基于准确数据的决策支持有助于企业更加迅速地应对市场变化，提高决策的精准度。

三、税务软件

（一）税务软件的自动计算功能

1.基于最新税收政策的自动计算

税务软件通过与最新税收政策的数据库连接，能够实现自动计算企业应缴纳的各项税款。这种功能的优势在于能够及时反映税法的变化，确保企业按照最新规定履行纳税义务。相较于手动计算，自动计算功能提高了计算的准确性，避免了人为因素而产生的错误。

2. 降低手动计算的烦琐性

税务软件的自动计算功能降低了企业财务人员手动进行税款计算的烦琐性。系统能够迅速、准确地完成复杂的计算过程，节省了大量的人力资源。这意味着企业可以更高效地进行财务管理，使得财务团队能够更专注于战略性、高附加值的工作。

（二）税务软件的报表生成功能

1. 符合税务要求的报表生成

税务软件具备自动生成符合税务要求的报表的功能。系统根据企业的纳税情况，自动整理、生成符合法规标准的报表文件。降低了因为报表错误而可能产生的罚款风险，同时提高了报表的准确性和规范性。

2. 提高报表生成的效率

传统的报表生成需要大量的时间和人力成本，而税务软件能够在短时间内自动生成完整的报表。这不仅提高了报表生成的效率，同时降低了出错的可能性。通过自动化的报表生成，企业能够更加及时地满足纳税申报的要求。

四、财务软件的应用案例

高校的财务信息化建设对高校管理水平的提升、学科建设水平的提高、科研发展的促进等都具有重要作用。基于政府会计制度改革，SD 开放大学更新其财务软件，分享其使用心得和成功经验，为其他高校财务软件升级改造提供借鉴。

（一）背景

在财务信息化建设过程中，高校面临一系列的重难点，主要包括财务软件的变革升级、内部系统难以整合和资源共享、对财务信息化建设重视程度不足以及运行环境的安全性问题。

1. 财务软件的变革升级

（1）现有财务软件的不足

高校原有的财务系统难以满足政府会计体系下双系统双分录的要求，尤其是受制于一些财务软件公司开发的软件主要面向企业会计，无法满足政府会计的需求。即使有些软件符合平行分录的要求，但由于需要分别录入财务分录与预算分录，导致工作效率低下，增加了财务工作人员的工作负担，同时提高了错误率。

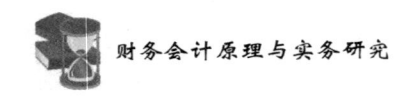

（2）财务软件的升级要求

为了适应政府会计的要求，高校需要进行财务软件的推翻重建。这既包括对已有软件的升级，也需要考虑引入全新的、专为政府会计而设计的财务软件。这一过程需要高校投入大量的人力、物力和财力，同时需要对现有的财务人员进行培训，以适应新系统的使用。

2. 内部系统整合和资源共享难题

（1）各系统各自为战

高校内部的各系统，如收费系统、核算系统、工资系统等，难以有效整合，形成了各自为战的局面。这些系统往往通过招标由不同厂商提供，导致软硬件独立优化升级，未能真正实现资源的信息共享。这不仅增加了系统的运维和维护成本，还影响了数据的一致性和准确性。

（2）缺乏统一标准

各系统由不同的厂商提供，缺乏统一的标准和接口，导致信息难以流通和共享。这使得财务信息无法实现全面、及时的展现，阻碍了高效的财务管理。在政府会计体系下，需要建立更为统一、协同的内部系统架构，以提高资源的有效利用。

3. 对财务信息化建设缺乏重视

（1）管理层认识不到位

高校管理层对财务信息化建设的重视程度不高，主要集中在满足基本的记账功能。缺乏对财务信息化在高校顺利发展中的重要作用的深刻认识，存在一定的保守思想。这导致在建设过程中缺乏足够的支持和资源投入。

（2）财务人员创新意识淡薄

财务人员缺乏对财务信息化建设的创新意识，主要将工作重心放在繁忙的业务报销中。由于对信息技术的了解有限，缺乏对财务系统的深入理解，系统在使用过程中难以提出建设性意见。

（二）使用浪潮 GS 财务软件应用的心得和成功经验

1. 会计核算

（1）科目设置与触发规则的优化

在浪潮 GS 财务软件应用中，会计核算的第一步是进行科目设置和触发规则的优化。通过与律师事务所和会计师事务所的合作，学校成功地进行了新旧科目对照表的设置，并对会计科目进行初始化处理。在此过程中，对 2019 年年初的期初余额、往来款项、固定资产及基建账进行了梳理，确保了年初财务信息的准确性。

（2）多维科目初始化与触发规则应用

通过在GS财务软件中设置"单位科目对照"，学校成功地实现了财务会计与预算会计之间的触发规则。这包括录入财务会计科目自动触发预算会计科目的机制，如录入"库存现金"或"银行存款"触发预算会计"资金结存－货币资金"科目。这种触发规则的应用不仅显著减少了工作量，还有效降低了因人工录入失误引发的错误率，提高了整体准确性。

（3）辅助核算体系的优势

学校在会计核算中采用了辅助核算体系，通过设置部门与本部门经费项目的一对多关系，提升了制作单据效率。此外，年终决算可通过下载"辅助三栏账"详细了解各部门、各经费对应的科目余额，从而大幅提升了填报决算报告的效率。辅助核算体系的应用满足了高校对财务管理和业务管理核算精细化的要求，为整体会计核算提供了更全面的支持。

2. 网报系统

（1）网上报销模式的优势

面对高校财务工作量增加的挑战，SD开放大学成功应用了基于浪潮GS财务软件的网报系统。相较于传统报销模式，网上报销模式极大地优化了报账流程，减轻了报账员的工作负担。网上报销，减少了线下签批的时间。这对于多校区的高校来说尤为重要，因为报账员无须跨校区寻找签批人签字。

（2）工作环境的优化与财务信息共享

使用网上报销模式改善了工作环境，提高了财务人员的工作效率。报账大厅无人排队，审核人员与报账员无须正面接触，从而创造了安静的办公环境，有利于提升财务人员的工作环境和工作效率。此外，网上报销模式实现了财务信息的实时共享，部门负责人能够随时查询本部门所有的业务状态、部门经费使用情况，从而提高了经费使用效率。

（3）推动财务执行力度与信息化建设的整合

SD开放大学将网上报销系统内嵌至学校信息化平台，通过学校"一站式服务平台"实现了方便地进入"网报系统"的方式。这不仅减少了使用多个账号和密码的烦琐，同时也有利于学校的信息化建设。为解决信息传输及资金安全问题，学校通过与银行系统对接，实现了一键付款的便捷操作。通过引入"电子印章制作系统"，实现了电子签名替代线下纸质签名，进一步提高了网报系统的便

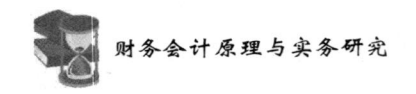

捷性。

（4）创新的"投递式"报销模式

SD 开放大学为了进一步优化报账流程，推出了"投递式"报销模式。在各校区设置票据投递箱，报账员只需将整理好并签批完毕的报销单据就近投递至投递箱，报账员无须再去报账大厅等候。

（5）核算系统的衔接与电子签名的引入

为进一步提高网报系统的便捷性，SD 开放大学实现了核算系统与网报系统的无缝衔接。通过在报销单据走完所有的网上报销流程并付款后，GS 财务软件自动生成会计凭证，从而大大减少了财务工作人员的工作量。电子签名的引入也为审批流程带来了便捷，审批人通过线上审批单据并签名，无须线下手工签字，符合相关法律规定。

3. 预算管理系统

（1）高校预算管理的重要性

高校预算管理作为各项财务工作的前提和基础，对学校年度计划和决策方向起着至关重要的作用。SD 开放大学在 GS 财务软件的支持下，成功实现了高校预算管理的信息化和精细化。财务预算作为高校收支的合法依据，准确编制、合理调整、高效执行直接关系到财务核算结果的准确性，以及对收入支出、资产负债及成本费用的准确反映。

（2）预算编报与审批的优化

GS 财务软件在预算管理方面提供了编报审批功能，通过设置报账员的编制权限和定义报表形式，实现了报账员填写收入、支出、项目收入支出等各类预算表格，并通过网上审批流程由财务核算部门自动汇总各部门预算数据。这有效完善了部门和校内预算，并能够通过系统上报学校及上级主管部门审批。

（3）经费下发与实时查询

一旦各部门预算得到审批，GS 财务软件支持经费下发，使各部门经费审批人员能够通过系统实时查询本部门的业务状态、部门经费使用情况。这种实时查询功能为部门管理者提供了全面了解部门财务状况的工具，使其能够更加科学合理地进行财务决策和预算调整。

（4）财务与预算的有效协调

在 GS 财务软件的支持下，学校实现了预算管理与会计核算的有效协调。GS 财务软件为会计核算提供了强大的支持，使得经费审批人能够联查经费支出明细，对本部门支出情况有非常全面的了解。这种协调能力的提高有助于整体财务管理水平的提升，使得高校财务决策更科学、更准确。

（5）财务信息的全面共享

通过 GS 财务软件，财务信息在预算管理和核算系统之间实现了全面共享。预算管理与网上报销在同一系统中，使得财务信息能够更加便捷地在不同部门之间流通。这不仅提高了经费使用效率，同时为学校领导提供了更全面、更准确的财务决策依据。

（三）财务软件的实施效果

1. 科目设置与触发规则的优化效果

SD 开放大学在 GS 财务软件升级后，通过设置新旧科目对照表和科目初始化，成功优化了会计核算流程。特别是在引入了"双分录触发规则"后，触发规则的应用显著提升了工作效率，降低了人工录入失误引发的错误率。升级后的效率虽有一定下降，但总体来看，通过科目设置和触发规则的优化，财务工作的准确性得到了更好的保障。

2. 辅助核算体系的建设效果

辅助核算体系的建设在提高效率的同时，为年底决算提供了强有力的支持。通过设置部门与本部门经费项目的一对多关系，提升了制作单据效率，降低了错误率。年终决算时，通过"辅助三栏账"的详细查询，财务人员能够更迅速、准确地了解各部门、各经费对应的科目余额，从而大幅提升了填报决算报告的效率。

3. 存在的不足与优化建议

SD 开放大学虽然在财务软件应用方面取得了显著的成果，但仍存在一些不足之处。首先，网银支付方面尚未实现与财务系统的直接对接，需要财务人员线下处理资金支付，未能完全发挥系统的便捷性。本文建议后期实现银行接口与网银系统接口对接，以实现线上直接支付。其次，对于发票核验，特别是电子发票的验证，仍需财务人员进行线下核验，本文建议研究更智能的系统来提高核验效率。最后，在劳务报酬费用的支付方面存在手工修改会计分录的问题，本文建议优化系统算法，确保系统自动生成凭证时支付金额与分录金额一致，减轻财务人员的工作负担。

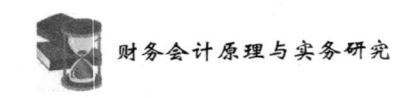

第三节　信息技术对财务会计的影响与创新

一、创新的数据处理方法

在财务信息处理方面，创新的方法不仅提高了工作效率，还为财务会计工作注入了新的活力。

（一）区块链技术的应用

区块链技术的迅速崛起为财务信息处理领域注入了新的活力，其独特性为财务数据的安全性和透明性提供了前所未有的保障。通过区块链技术的不可篡改性和去中心化特性，财务数据得以被安全存储和传输，不容易受到恶意篡改。这一特点使得企业能够在处理财务信息时摆脱传统中心化系统可能面临的数据篡改风险，从而确保数据的真实性和完整性。

去中心化是区块链技术的重要特性之一，也是其在财务领域应用中的独特之处。传统的中心化系统可能面临单点故障和数据集中存储的风险，而区块链通过分布式账本的方式，将数据存储在网络中的多个节点上，形成去中心化结构。这不仅提高了系统的稳定性和抗攻击能力，还减少了数据集中存储带来的潜在风险。在财务信息处理中，去中心化的特性使得数据更安全可靠，降低了系统的单一故障点。

区块链技术的特点为财务领域注入了新的信任机制。在传统财务交易中，各方需要通过中介机构来建立信任关系，而区块链通过智能合约等机制，实现了去信任化交易。财务交易的每一步都被记录在区块链上，参与方都能够验证交易的真实性，无须信任中介机构。这不仅降低了交易成本，还提高了数据的可信度，有助于减少欺诈行为的发生。

区块链技术的应用还使得财务信息更透明。由于区块链上的信息是公开可查的，参与方可以实时查看和验证交易记录，从而增强了数据的透明度。透明的交易过程有助于提高企业的信誉度，满足监管要求，并为利益相关方提供更多信息以支持决策。这一透明度的提高对于建立信任关系、降低信息不对称风险产生积极影响。

（二）人工智能的数据智能化处理

人工智能技术的快速发展为财务数据处理带来了智能化的革新。通过运用机器学习和数据挖掘等先进技术，人工智能能够自动发现财务数据中的潜在模式和规律，从而提升了数据分析的深度和广度。

机器学习和数据挖掘是人工智能在财务领域取得成功的重要工具。通过对大量财务数据的学习，机器学习算法能够自动识别数据中的模式，包括趋势、异常和相关性等。这种自动发现的能力使得财务人员能够更加全面地理解数据所蕴含的信息，而不仅仅局限于传统的手动分析方法。

智能化处理的另一个优势在于减少了重复性工作，使财务人员能够更专注于战略性的任务。传统的财务数据处理涉及大量的重复性、烦琐的工作，如数据输入、分类和核对等。人工智能释放了财务人员的时间和精力，使其能够更专注于战略规划、风险管理和决策支持等高附加值工作。这种高效的智能化处理方式不仅提高了工作效率，还为财务团队提供更多机会参与到企业战略层面的决策中。

二、先进的报表生成与分析工具

创新的财务报表生成与分析工具使得企业能够更灵活地应对复杂多变的市场环境。

（一）实时报表生成工具

随着现代企业对信息的需求不断增加，实时报表生成工具成为管理层决策支持的一项重要技术。相较于传统报表生成方式，这些先进工具能够在几秒内生成报表，大大提高了报告的实时性和准确性。

传统的报表生成通常需要投入大量时间和人力资源。数据收集、整理和报表设计等环节都需要经过复杂的手动操作，整个过程需要数天时间才能完成。而实时报表生成工具通过自动化这一过程，实现了数据的快速提取、处理和呈现。这种实时性的报表生成方式，不仅减少了对人力资源的依赖，还大幅缩短了决策制定的时间，使得管理层能够更加及时地获取重要信息。

实时报表生成工具的应用为管理层提供了更迅速的决策支持。在快速变化的商业环境中，及时重要的信息对于决策者至关重要。实时报表能够提供最新的业务数据、市场趋势和重要绩效指标，使管理层能够迅速作出反应。这对于制定战略、调整业务策略以及应对市场竞争具有重要意义，有助于企业在激烈的市场竞

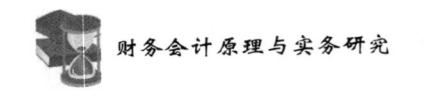

争中保持敏捷性。

通过实时报表生成工具，企业能够更及时地发现和解决问题。由于报表能够立即反映当前业务状况，管理层可以迅速发现异常情况、趋势变化或者潜在的机会。这种快速响应的能力使得企业能够更灵活地调整战略，优化业务流程，以更好地适应市场的变化。

实时报表生成工具的应用还为企业提供了更加灵活的业务监控手段。管理层可以根据实时报表的反馈，随时调整业务方向，进行资源的重新配置，以最大限度地提高企业的运营效率。这种灵活性使得企业能够更好地应对外部环境的不确定性，更加敏捷地应对市场的挑战。

（二）数据可视化工具的不断创新

随着数据可视化技术的不断创新，企业在展示财务数据方面拥有更直观、生动的选择。这一技术的发展不仅在形式上丰富了数据呈现的方式，更为管理层提供了直观、易于理解的视觉化工具，有助于更好地制定战略和决策。

数据可视化工具的创新主要体现在图表和图形的设计上。传统的财务报告通常采用表格和静态图表，难以传达大量信息，并且对于非专业人士来说较为晦涩难懂。随着技术的进步，新一代数据可视化工具不仅能够生成更丰富的图表，还能够实现交互式呈现。例如，用户可以通过悬浮光标获取详细信息，调整时间范围或指标来获得特定视角，从而更灵活地探索和理解财务数据。

这些创新的数据可视化工具还支持多种形式数据的呈现。通过将不同维度的数据以颜色、形状、大小等方式进行区分，管理层能够更清晰地了解数据之间的关系和趋势。这种多维度的展示方式使得数据更全面，有助于深入挖掘潜在的业务模式和变化趋势，为管理层提供更有力的数据支持。与传统图表相比，新型数据可视化工具更注重用户体验。直观的用户界面、动画效果和交互式设计使得财务数据更生动、直观。这样的设计降低了理解数据的门槛，使得管理层和决策者能够更加愉快地使用这些工具，从而更积极地参与到数据分析和决策的过程中。

数据可视化工具的创新不仅停留在图形表现上，还包括数据处理和分析的能力。一些先进的工具结合了机器学习和人工智能技术，能够更深入地分析数据。这种智能化的分析功能使得管理层不仅能够看到数据的表面信息，还能够深入挖掘隐藏在数据背后的价值，为制定更具前瞻性的战略和决策提供更全面的支持。

第五章
财务风险管理与应对策略

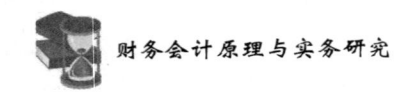

第一节　财务风险的识别与评估

一、识别财务风险

（一）市场风险

1.风险清单法的应用

风险清单法在市场风险识别中的应用是一种系统而有效的方法。通过这一方法，企业能够全面、有条理地列举可能的市场风险，从而更好地理解潜在的不确定性，为后续的风险管理提供依据。

市场风险的识别过程始于对各种潜在风险的逐一考量。在风险清单法中，企业首先关注的是影响市场状况的各种因素，如汇率波动、股市波动、商品价格波动等。这些因素会对企业的运营和财务状况产生重大影响。例如，企业会面临由于汇率波动导致海外销售收入波动的风险。在列举风险清单时，企业需要详细考虑各种汇率变动的可能性，包括政治、经济等方面的因素对汇率的影响。这样一来，企业就能够建立一个全面的框架，覆盖了可能涉及市场风险的各个层面。

风险清单法不仅有助于列举各种可能的市场风险，还能够提供对这些风险的深入理解。通过仔细考虑每一项风险，企业可以更准确地评估其概率和影响程度。例如，对于汇率波动，企业可以分析历史数据、国际经济动向等因素，以量化可能的影响，从而更好地把握未来趋势。

风险清单法使得企业在进行风险管理决策时有据可依。这种系统的方法有助于确保企业不会忽略任何可能影响业务的重要市场因素，为其制定相应的风险规避和管理策略提供了坚实的基础。通过对风险清单的持续维护和更新，企业可以适应市场变化，提高应对潜在风险的敏感性，更加灵活和有效地保护自身利益。

2.专家访谈法的运用

专家访谈法是指通过邀请行业专业人士、经济学家等具有专业知识和丰富经验的专家进行讨论，企业可以获得关于市场未来走势的结论，从而更全面、深入地了解潜在的市场风险。这一方法为市场风险的识别和管理提供了独特的视角和价值。

通过专家访谈法，企业可以选择邀请在相关领域具有资深经验的专家，如行业领域的权威、经济学家、市场分析师等。通过与这些专业人士的深入讨论，企业可以获取有关市场未来发展趋势的权威意见，了解行业内的新动态和变化。

专家访谈法的运用使企业引入多元化的观点。专家们对市场的发展趋势、政策变化等有深刻的理解。他们的经验和洞察力有助于企业更全面地认识市场的复杂性，迅速捕捉可能影响企业的重要因素。

3.情境分析法的实施

情境分析法的实施是一种深入洞察市场风险的方法，通过设定不同的市场情境，如通货膨胀、经济衰退等，来评估市场风险发生的可能性和带来的影响。该方法不仅有助于企业更全面地考虑市场波动的多样性，还为企业制定灵活的风险管理策略提供了实质性依据。

在情境分析法实施过程中，企业首先需要选择一系列可能影响市场的重要因素，并设定不同的市场情境。这些重要因素可以涵盖宏观经济指标、行业发展趋势、政策变化等多个层面。例如，在通货膨胀环境下，企业需要考虑通货膨胀率的变化引起的原材料价格变化。一旦重要因素和情境设定完成，企业便可以对每种情境下的市场风险进行评估。以通货膨胀情境为例，企业面临成本上升、利润受损等风险。通过深入分析每一种情境下可能发生的风险，企业可以更准确地估计其概率和潜在影响程度。

情境分析法的重点在于其能够帮助企业制定风险管理策略。通过考虑多种可能的市场情境，企业能够在面临不确定性的环境中做好准备。例如，在经济衰退环境下，企业可以采取降低成本、提高效益的策略，以更好地适应市场的变化。

此外，情境分析法还有助于企业更好地理解不同情境之间的关联性。在实施情境分析时，企业可以发现某些风险在特定情境下会相互影响，从而更全面地考虑风险的整体性。这有助于企业在制定战略决策时更全面地考虑不同因素的综合影响。

（二）信用风险

1.风险清单法的详细列举

信用风险的识别对企业的财务稳健至关重要，而风险清单法为企业列举可能的信用风险提供了一种系统和详细的方法。在进行信用风险的详细列举时，企业需要考虑客户行为、市场环境、经济状况等方面，以全面了解潜在的信用风险情况，为制定有效的风险管理策略提供基础。

信用风险包括客户未按期支付货款或服务费用，这可能对企业的现金流产生

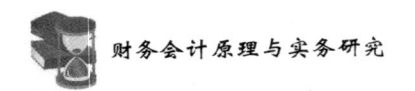

不利影响。详细列举会导致付款延迟的原因，如客户经济状况下滑、行业竞争激烈等，有助于企业更好地理解潜在风险。

违约是指客户无法履行合同、无法按时还款等情况都会导致违约风险。通过逐一考虑可能的违约原因，如客户破产、经营不善等，企业能够更全面地识别潜在的信用风险。

除此之外，企业还可以考虑客户的信用评级作为信用风险的一部分。不同客户的信用状况存在差异，高风险客户更容易导致信用问题。详细列举会影响客户信用评级的因素，如财务状况、市场地位等，这有助于企业更精准地评估信用风险。

在详细列举信用风险时，企业还需考虑外部环境因素，如宏观经济状况、行业变化等。这些因素直接或间接地影响客户的信用状况，从而对企业产生信用风险。透过对可能的外部因素进行详细的列举和分析，企业可以更好地理解外部环境对信用风险的潜在影响。

2. 专家访谈法的灵活运用

专家访谈法在信用风险识别中的灵活运用为企业提供了深度分析和建议的重要途径。

首先，专家访谈法的灵活性在于能够根据企业的具体情况选择合适的专业人士。企业可以邀请信用评级机构的专家，他们通常对行业和企业的信用状况有较深入的研究和了解。同时，金融专家也能够提供对信用风险的独到见解，特别是在市场和经济方面的专业知识。

其次，专家访谈法的运用能够为企业提供实时和个性化信息。通过直接与专业人士进行面对面或虚拟的讨论，企业能够获取最新的市场资讯和专业观点。这种实时性的信息反馈有助于企业更快地应对不断变化的信用环境，提高信用风险的敏感性。

此外，专家访谈法还可以在信息获取的广度和深度上进行全面覆盖。专业人士通常具有对市场、行业和企业的深刻理解，能够在多个层面提供关于信用风险的详尽信息。他们的专业见解有助于企业深入了解潜在风险因素，更全面地评估信用风险的水平。

3. 情境分析法的实际应用

在实际应用情境分析法时，企业首先需要设定不同的情境，以覆盖可能的信用风险。这包括但不限于经济不景气、行业竞争激烈、政策变化等方面。例如，在经济不景气的情境下，企业可以设想客户支付能力下降、市场需求减缓等情况，这将直接影响企业的销售和现金流。

通过设定这些不同的信用情境，企业能够更具体地了解每种情景下可能面临的信用风险。情境分析法不仅考虑了信用风险的可能性，还关注了这些风险发生时的影响程度。通过深入研究每种情境，企业能够制定相应的信用风险管理策略。

此外，情境分析法的实际应用还有助于企业更全面地考虑外部因素对信用风险的潜在影响。在设定不同情境时，企业需要综合考虑宏观经济状况、行业特征等外部因素。例如，政策变化会对行业竞争格局产生重大影响，从而影响企业的信用环境。通过考虑这些外部因素，情境分析法能够提供更全面的信用风险评估。

最终，情境分析法的实际应用为企业提供了一个全面、系统的信用风险管理工具。通过对各种信用情境的设定和分析，企业能够更具前瞻性地制定应对策略，提高对信用风险的应变能力。

（三）操作风险

1. 风险清单法的全面运用

风险清单法在操作风险的全面运用为企业提供了一种系统性的方式，以识别可能的内部流程和系统方面的潜在问题。通过逐一列举可能的操作风险，如系统故障、内部欺诈等，企业能够深入了解内部运作中可能存在的各种潜在问题，为后续的操作风险管理打下基础。

在全面运用风险清单法时，企业首先需要明确内部流程和系统的各个环节，并对可能存在的风险进行系统梳理。例如，在内部流程中，可能涉及的操作风险包括但不限于人为失误、系统漏洞、数据丢失等。通过逐一列举这些风险，企业能够形成一个全面而具体的操作风险清单。

逐一列举操作风险有助于企业更全面地了解每个风险的发生的可能性和影响程度。通过详细描述每种风险，企业能够在清晰的基础上形成对操作风险的全面认知。例如，对于可能的系统故障，企业可以具体考虑硬件故障、软件故障、网络中断等风险。

此外，风险清单法的全面运用还能够为企业提供更具体的风险评估。通过对每种风险发生的可能性和影响程度进行评估，企业可以确定哪些风险具有较高的优先级，需要更紧急和深入地关注。这有助于企业更有针对性地制定操作风险管理策略，提高管理效率。

风险清单法的全面运用为企业提供了一个深入了解操作风险的手段。通过系统地、详尽地列举可能存在的风险，企业能够建立起一个全面、具体的操作风险清单，为后续的风险管理提供有力支持。

2.专家访谈法的深度整合

专家访谈法在操作风险的深度整合中扮演着重要角色。通过邀请内部流程专家、系统管理员等专业人士参与讨论，企业能够深度分析潜在的内部操作风险，并从专业的角度获取深刻的见解。专家的经验和洞察力为企业的操作风险管理提供了有力支持。

在深度整合专家访谈法时，企业首先需要确定邀请哪些专业人士参与讨论。这些专业人士包括但不限于内部流程专家、系统管理员、技术支持人员等，他们应具备在相关领域的专业知识和经验。专家访谈法的深度整合不仅要关注内部流程和系统的具体运作，还要探讨可能的风险源和潜在的风险事件。专家们可以从自身的经验中挖掘出企业可能忽视的操作风险，并提供针对性的建议和解决方案。例如，内部流程专家会关注流程中的瓶颈和不足，系统管理员会发现系统漏洞和安全隐患。

专家访谈法的深度整合为企业提供了一个全面、专业的操作风险识别工具。通过汇聚专业人士的智慧和知识，企业能够更深度地了解内部操作风险的多样性，提高风险管理的精准性和有效性。专家访谈法的实际运用为企业建立健全的操作风险管理体系提供了实质性支持。

3.情境分析法的多角度应用

情境分析法通过设定员工失误、系统漏洞、技术故障等不同的操作情境，使企业能够全面了解不同类型风险的特点和潜在影响。例如，在员工失误的情境下，可能导致操作流程中的错误执行，而系统漏洞会引发未经授权的数据访问。

情境分析法的多角度应用能够考虑不同操作情境之间的相互关联。在实际操作中，不同的风险往往相互关联，一个风险事件可能引发另一个风险的发生。通过综合考虑多种操作情境，企业可以更好地理解这种相互关联性。例如，员工失误导致系统漏洞被暴露，从而增加数据安全的风险。情境分析法的多角度应用有助于企业更全面地把握这些关联性。

此外，情境分析法的多角度应用还能够考虑不同操作情境对业务流程的潜在影响。不同的操作风险会对企业的业务流程产生不同程度的影响，有些会导致业务中断，而有些只是轻微的影响。通过综合考虑这些影响，企业可以更好地调配资源，优先处理对业务影响较大的操作风险。

二、导致财务风险的原因

（一）技术创新的影响

随着科技的不断发展，各行各业都在经历着技术的迭代和更新。这种技术创新涉及产品、生产流程、信息管理等方方面面，对企业的日常运营和战略规划产生深远影响。首先，技术更新使企业现有的设备和系统逐渐变得陈旧，需要投入大量资金进行更新升级，以保持竞争力。这种资金压力增加企业的财务风险，特别是对于规模较小的企业而言。其次，新技术的引入需要员工进行培训，以适应新的工作流程和操作系统，从而增加了人力资源管理的挑战。这也可能导致在技术转型期间出现操作失误，进而引发操作风险。在市场风险评估中，企业需要密切关注行业技术创新的趋势，及时了解新技术对企业经营的影响，以便采取应对措施。预测技术更新带来的影响对于企业的长远发展至关重要。企业应当通过与行业内专业人士、科技机构的合作，获取关于新技术发展的信息，分析其对市场需求、产品竞争力、生产效率等方面的潜在影响。此外，企业还应该建立灵活的技术更新和升级机制，以便迅速适应行业技术创新的变化。通过及时的技术创新，企业可以提升自身在市场中的竞争优势，降低技术更新带来的操作风险，实现可持续发展。在评估市场风险时，企业需要以敏锐的洞察力和战略眼光，全面考虑技术创新对企业的潜在影响，并制定相应的战略规划，以确保在激烈的市场竞争中保持实力。

（二）法规变化的影响

法规的变化对企业经营产生的深远影响在当前日益复杂的商业环境中显得越发重要，特别是在受到监管较多的领域，如金融行业。企业在评估市场风险时，必须密切关注行业法规的变化，以及时调整风险管理策略，适应法规环境的变化。

首先，法规的变化直接影响企业的经营模式和合规性要求。金融行业作为一个受到广泛监管的领域，法规的变化对企业投资决策、融资决策等方面产生影响。企业需要时刻关注这些变化，以确保业务操作符合最新的法规要求，避免因法规不符合而面临的罚款和法律责任。

其次，法规的变化也会影响企业的市场准入和退出策略。新的法规提高了市场准入的门槛，要求企业符合更高的标准，从而影响企业的扩张计划。相反，法规的放宽为企业提供更多发展机遇。企业在评估市场风险时，需要深入了解并预测法规变化对市场竞争格局和行业格局的影响，以调整自身的战略布局。

最后，法规的变化还会导致企业面临的合规风险增加。企业需要确保其内部制度和流程能够及时适应法规的变化，以保持合规性。不合规会导致企业面临处罚和声誉损失，对企业的经营稳定性和可持续性构成威胁。在评估市场风险时，企业需要建立健全的合规制度，定期对法规的变化进行审查，确保企业始终符合相关法规的要求。综合而言，法规的变化是企业在市场中面临的重要风险之一。企业需要及时了解并适应法规环境的变化，以保障企业在竞争激烈的市场中稳健发展。企业还应该通过与行业协会、法律顾问等建立合作关系，获取及时的法规信息和专业建议，以更好地制定风险管理策略。

第二节　企业财务风险管理策略

一、风险规避

风险规避作为财务风险管理中的一项重要策略，着眼于避免参与高风险交易，从而降低可能的不确定性。

（一）市场研究和交易评估

企业在制定财务风险管理策略时，市场研究和交易评估是重要环节。深入的市场研究有助于企业了解不同市场的波动性和风险水平，为企业投、融资工作提供必要的背景信息。在进行交易评估时，企业应采取综合性的风险评估方法，全面考虑市场、行业和企业内部因素，以有效规避参与可能导致财务损失的高风险交易。

市场研究对于企业的财务风险管理至关重要。企业可以通过分析不同市场的历史数据、趋势和变化模式，识别可能对其业务产生影响的因素。深入的市场研究有助于企业更准确地评估市场的整体风险水平，为后续的交易决策提供基础。

交易评估是在市场研究的基础上进行的重要步骤。企业在进行交易评估时，应当对涉及的交易进行全面的风险评估。这包括考虑市场风险、行业风险以及企业内部因素。对市场风险的评估涉及对汇率波动、股市波动、商品价格波动等的全面分析，以确定市场波动性的可能影响。同时，企业需要关注行业风险，了解所在行业的竞争格局、供需状况等，以及企业内部因素如财务结构、经营状况等的评估。

（二）战略规划

风险规避与企业的战略规划密切相连，对于保障企业整体战略的一致性和可持续性至关重要。在进行风险规避时，企业需要根据自身定位和长远目标，与整体战略规划相结合，以确保财务战略与企业的愿景和核心价值一致。

企业在规避风险时需审慎评估与核心业务无关或风险较高的交易和市场。通过与战略规划的对比，企业可以明确哪些业务活动符合其核心战略方向，哪些与整体目标不一致。这有助于企业避免将资源投入与其战略规划不符的领域，从而确保战略的一致性和高效执行。

企业应将财务战略融入整体战略规划中，以确保二者协同发展。财务战略的制定应与企业的长远目标和核心价值相契合，以支持整体战略的实施。例如，如果企业的战略规划强调创新和技术领导地位，那么财务战略则侧重资金投入研发和技术创新领域，同时规避那些可能带来较高技术和市场不确定性的项目。

在实施风险规避时，企业还应考虑战略的长远性。战略规划通常具有长期性质，因此，风险规避策略也需要具备相应的可持续性。这涉及对未来市场和经济环境的深刻洞察，以及对整体战略调整的敏感性，以便在需要时调整财务战略，保持与整体战略的协同性。

二、风险转移

风险转移是通过购买保险或使用金融衍生品等方式，将一部分风险转移来降低自身的财务风险。

（一）购买保险

企业在风险管理中的一项重要策略是购买各类保险，通过这种方式来转移特定的潜在风险。保险的广泛应用，包括财产保险、责任险和商业中断险等，为企业提供了在面对意外事件时的财务保障，有效降低了因突发事件导致的经济损失。

财产保险是一种常见的保险形式，它旨在保护企业的物理资产免受损害。这类保险通常涵盖建筑、设备、库存等财产，当这些财产受到火灾、自然灾害、盗窃等意外事件的影响时，财产保险将为企业提供赔偿，有助于恢复损失并维持正常经营。

商业中断险是一种应对生产中断、供应链问题等情况的保险形式。当遭受自然灾害、供应商倒闭等不可预测的事件影响时，商业中断险可以为企业提供经营

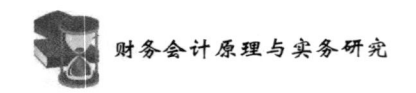

停摆期间的收入保障，帮助企业渡过难关，迅速恢复生产。

购买这些保险的目的是为企业提供全面的风险保障，减轻企业在意外事件发生时所面临的财务冲击。通过支付一定的保费，企业可以获得在风险发生时的经济支持，降低自身承担风险的负担。

（二）金融衍生品的使用

企业在金融管理中运用金融衍生品，尤其是期货和期权，可以有效规避市场价格波动的风险，对于在国际贸易中面临货币汇率波动风险的企业而言，这一策略显得尤为重要。

期货合约是一种金融衍生品，它允许企业锁定未来某一时间点的特定资产或商品的价格。例如，一家进口商需要支付外国供应商的货款，但由于货币汇率的波动，从而导致实际支付的金额相较预期增加。通过购买货币期货合约，企业可以在未来某一时间以预先确定的汇率购买外币，有效规避货币汇率波动带来的成本不确定性。

期权是另一种常用的金融衍生品，它为企业提供了一种在未来购买或出售资产的权利，而不是义务。对于企业而言，购买货币期权可以在未来某一时间内以预先确定的价格购买或出售外币，从而降低因汇率波动带来的风险。这种权利的灵活性使企业能够根据市场情况灵活决策是否行使权利，从而更好地适应变化的外汇市场。

金融衍生品的使用不仅有助于企业规避市场价格波动的风险，还提供了对冲和灵活应对市场波动的工具。企业可以根据自身的贸易模式和市场预期，巧妙运用这些金融工具，以最大限度地降低不确定性带来的负面影响。因此，精心设计和执行金融衍生品战略对于企业的长期财务健康至关重要。

（三）风险转移合同

风险转移合同是企业在风险管理中采用的一种有效策略，通过与其他实体签订合同，将一定风险转移给相关方。这种方式需要企业在选择合作伙伴时进行谨慎评估，并在合同中明确双方的权责，以确保风险能够有效地被转移。

在进行风险转移时，企业首先需要仔细选择合作伙伴。这涉及对潜在风险承担者的财务稳健性、信誉度以及过往合作经验的全面评估。确保选择的合作伙伴具备足够的实力和信誉，以履行合同中所规定的风险分担责任。在签订合同之前，双方需要进行充分的谈判，明确每一方的责任和权利。这包括对风险的具体定义、分担的方式、责任范围等的详细规定，以防后续因合同模糊不清而引发争议。

合同中的风险转移不仅是单纯地将风险责任分配给他人，更是一种相互信任和合作的体现。在合同中，应该明确规定风险的界定和评估标准，确保在风险发生时，双方能够按照合同的规定迅速、公正地进行风险的判定和分担。此外，合同中还应该包含相应的监督和约束机制，确保各方能够履行合同中所规定的责任，从而实现风险的有效转移。

三、风险减轻

风险减轻是通过降低风险的影响和概率来实现的，主要包括内部控制的加强、业务流程的优化和员工培训水平的提高。以下是企业在风险减轻方面的方法和工具。

（一）内部控制

加强内部控制系统是企业降低潜在风险影响的一项有效途径。在风险管理的框架中，内部控制扮演着至关重要的角色，有助于确保企业的运营稳健、财务信息可靠，并有效防范潜在的经济、法律和合规风险。

企业需要确保内部流程的合规性和高效性。这包括建立清晰的业务流程、岗位职责和流程控制，并通过培训和教育确保员工了解并遵守这些规定。合规的内部流程有助于防范潜在的法律和合规风险，确保企业在业务运营中不受违规行为的困扰。

建立健全的内部审计制度对于监控和改善内部控制至关重要。内部审计通过独立的审计程序，对企业的财务状况、运营效率以及风险管理进行全面的评估。审计人员可以识别潜在的风险和问题，并提出改进建议，从而帮助企业不断优化其内部控制系统。

加强内部控制系统还涉及信息技术系统的安全性和完整性。企业需要建立健全的信息技术内部控制制度，保护重要业务信息和客户数据免受潜在的网络攻击和数据泄露风险。这包括采用先进的网络安全技术、建立权限管理机制和进行定期的信息安全培训等。

（二）业务流程优化

业务流程优化是企业降低潜在操作风险的重要步骤之一。通过采用先进的技术和信息系统，以及建立高效的供应链管理和生产流程，企业能够在日常运营中提高效率、降低成本，并降低风险。

采用先进的技术和信息系统可以有效提高业务流程的效率。自动化和数字化的工具可以简化重复性任务，减少人为错误的风险。例如，企业可以引入先进的生产设备和物联网技术，实现生产过程的实时监控和调整，降低因生产环节问题导致的操作风险。在销售和客户服务方面，采用客户关系管理（CRM）系统可以提高客户互动效率，减少订单处理和客户信息管理的潜在错误。

建立高效的供应链管理是优化业务流程的重要一环。通过与供应商建立紧密的合作关系，实现信息的实时共享和协同计划，企业可以更好地应对供应链中的不确定性和波动性。供应链的透明度有助于及时发现潜在问题，并采取措施防范和处理可能的风险，如供应短缺、交付延迟等。

生产流程的优化也是重要的一步。通过精细管理生产计划、库存和物流，企业可以减少由于生产环节问题导致的风险，如生产延误、库存积压等。使用先进的生产管理系统和智能制造技术，企业可以更灵活地应对市场变化，提高生产效率，减少生产过程中的潜在风险。

（三）员工培训

员工培训是提高企业整体风险管理水平的重要环节。通过有效的培训，企业能够增强员工的专业水平和风险意识，从而减轻由于人为原因引起的潜在风险。在财务风险管理方面，特别是在操作风险的防范中，员工的培训起到至关重要的作用。

企业可以通过定期培训来提高员工的专业水平。财务风险管理涉及复杂的金融工具、市场分析和财务报表等专业领域，因此，确保员工具备必要的专业知识至关重要。通过组织培训课程，有助于员工了解最新的金融市场动态、财务管理的最佳实践以及操作风险的防范措施。这不仅提高了员工的专业素养，也有助于他们更好地理解和应对可能涉及财务风险的业务活动。

建立有效的沟通机制也是培养员工风险意识的重要途径。企业可以通过定期会议、内部通报和信息发布等方式，及时向员工传达公司风险管理政策、风险事件的发生和处理经验。沟通机制有助于员工更全面地了解企业的风险状况，促使他们积极主动地参与风险防范和管理。

四、风险接受

风险接受是在明确了潜在风险后，企业主动选择接受并承担一部分风险，通常在风险发生概率较低、影响相对可控的情况下。以下是企业在风险接受方面的方法和工具。

（一）风险评估和量化

在企业明确了潜在风险后，采用风险评估和量化的工具对这些风险进行深入分析是至关重要的一环。通过这一过程，企业能够更全面地理解不同风险的发生概率和影响，从而有针对性地制定相应的风险管理策略。这一过程的核心在于量化分析，即通过具体的数据和指标对风险进行定量评估。

风险评估工具的使用是风险管理中的重要一步。诸如风险清单法、专家访谈法和情境分析法等工具，有助于企业系统性地识别和分析潜在风险。通过这些工具，企业可以将潜在风险进行清单化，并对其进行全面而深入的分析，使得管理层更好地了解企业所面临的多样化风险。

风险量化分析是将概率和影响两个维度具体化的手段。在评估风险概率时，企业可以采用统计数据、历史信息和市场研究等方法，以科学的手段估算风险事件发生的可能性。在评估风险影响时，企业可以利用财务指标、业务关键绩效指标等数据，分析风险对企业经济状况和运营活动的具体影响程度。这种定量分析有助于将主观的风险认知转化为客观的数字指标，提高决策的科学性和准确性。

通过量化分析，企业能够确定哪些风险相对可控，可以选择接受。并非所有的风险都需要采取主动规避的措施，有些风险对企业的实际影响较小，可以通过适当的控制和应对措施来容忍。

（二）成本效益分析

在企业决策是否接受特定风险时，成本效益分析是一项至关重要的工作。即使企业选择接受某种风险，也必须确保接受该风险的成本相对较低，并且不会对企业整体的财务状况产生负面影响。成本效益分析旨在在风险接受和规避之间找到平衡点，确保企业在决策中能够实现最佳的经济效益。

成本效益分析的核心在于综合考虑风险的概率、影响和应对成本。对于已经明确的潜在风险，企业需要评估该风险发生的可能性以及一旦发生可能对企业造成的具体经济影响。这包括对财务、运营和声誉等方面的潜在损失进行定量分析。在这一步骤中，企业可以借助风险评估工具和量化方法，将风险的概率和影响具体化，为后续的成本效益分析提供数据支持。

企业需要对应对风险的成本进行全面考量。这包括采取措施规避、减轻或转移风险的实际成本。例如，规避风险需要更大的投资或更严格的控制措施，而减小风险则涉及改进业务流程或引入新的技术。同时，如果选择购买保险或使用金融衍生品来转移风险，也需要考虑相应的费用。通过对这些成本的详细评估，企

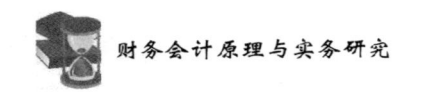

业可以更清晰地了解规避和接受风险的具体代价。

成本效益分析的目标是确保风险接受的成本相对较低，且符合企业整体的财务状况。在风险接受的决策中，企业需要权衡风险所带来的潜在损失与规避或减小风险的实际成本。如果接受风险的成本相对较低，且企业有能力承受潜在的损失，那么可以选择接受风险。然而，如果规避或减小风险的成本相对更低，且符合企业财务承受能力，那么更倾向于采取规避措施。

（三）应对措施的制定

在企业决定接受特定风险的情况下，采取针对性的应对措施至关重要。风险接受并不等同于被动放任，而是在充分了解潜在风险的基础上，有计划、有目的地制定应对措施。这一过程旨在最小化潜在损失，确保企业在面临不确定性时能够灵活而有力地应对各种挑战。

企业在风险接受的前提下，应建立完备的应急预案。这包括在潜在风险发生时迅速、有效地应对的步骤和方法。应急预案应该涵盖各个方面，包括人员安全、业务运营、财务稳健等，以确保企业在危急时刻能够有序、迅速地作出反应。预案的建立需要全员参与，确保每个员工都了解其在紧急情况下的责任和行动步骤。

制订业务调整计划是另一个重要应对措施。企业在接受潜在风险的同时，需要有一套灵活的业务调整计划，以适应外部环境的变化。这包括调整产品组合、拓展市场份额、寻找新的合作伙伴等策略。业务调整计划需要紧密结合企业的战略规划，确保在应对风险时能够保持企业的长期竞争力和可持续性发展。

建立有效的沟通机制也是应对措施的一部分。在风险接受的情况下，及时而透明的沟通可以增强企业内外部的信任，减小潜在的负面影响。企业需要建立畅通的信息传递渠道，确保员工、合作伙伴、投资者等重要利益相关方能够及时了解企业面临的风险，并理解企业采取的应对措施。这有助于协调整个企业体系，形成集体抵御风险的合力。

最后，定期的演练和复盘是确保应对措施有效性的重要环节。企业应定期进行应急预案演练，评估各项措施的可行性和有效性。通过实际演练，企业可以及时发现和纠正不足之处，提高应对危机的能力。同时，在风险发生后，及时进行复盘，总结经验教训，调整应对措施，不断优化风险管理策略。

五、降低不确定性对企业的影响

（一）多元化的资金来源

确保企业财务结构的灵活性至关重要，其中多元化的资金来源是重要策略之一。企业应该不仅仅依赖于传统的银行贷款，而是积极探索多种资金渠道，以适应经济环境的不确定性和多变性。

多元化的资金来源包括但不限于发行债券、股权融资和建立合作伙伴关系。发行债券可以为企业提供长期资金，并分散还款风险。股权融资则通过向投资者发售股票来获取资金，可以提高企业的筹资能力。与此同时，建立合作伙伴关系也是一种有效的多元化资金来源方式，通过与其他企业或机构合作，共享资源和风险，减小财务压力。

这种多元化的资金来源战略使企业能够更加灵活地应对不同的经济形势。当经济不确定性增大时，传统的融资方式会受到影响，而多元化的资金来源能够为企业提供备选择。这种灵活性使企业能够更好地调整其融资结构，以适应不断变化的市场环境，同时减小金融压力，确保资金的可持续性和稳定性。因此，企业在制定财务战略时，应当深刻认识到多元化的资金来源对于应对经济不确定性的重要性。

（二）适度的负债结构

保持适度的负债对于企业的财务健康至关重要。在财务战略中，平衡债务和股权的比例是一项需要谨慎考虑的重要决策。适度的负债不仅能够为企业带来税收优惠和财务杠杆的好处，还能降低企业的融资成本。然而，一旦负债过高，企业可能陷入更危险的财务状况，面临更大的偿债压力。

适度的负债带来的税收优惠是通过利息支出的抵扣实现的。债务利息支出通常可以在企业纳税前扣除，降低了企业的应纳税额。这为企业提供了一种有效地降低财务成本的途径。此外，财务杠杆效应也是适度负债的体现，通过借款进行投资，企业在取得更高收益时可以获得更大的股东回报。

然而，负债并非一成不变，而是需要根据市场环境和企业状况进行灵活调整。当市场波动时，企业需要调整负债以更好地应对财务挑战。合理控制负债水平，避免负债过高，有助于降低企业的财务风险，保持稳健的财务状况。因此，企业在财务战略中应当认真平衡债务和股权的比例，确保负债的适度性。

（三）多元化投资组合

除了适度的负债，企业在财务风险管理中还需要考虑投资组合的多元化。多

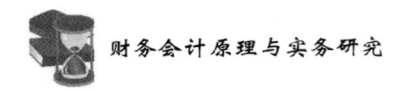

元化投资组合是通过在不同行业、地区和资产类别中分散投资来降低投资组合整体风险的战略。这种战略旨在减轻市场波动对企业投资组合的冲击，提高企业在面对宏观经济变化时的整体财务韧性。

多元化投资组合的核心思想是不将所有鸡蛋放在一个篮子里。通过在不同行业进行投资，企业可以规避某一特定行业的风险，因为不同行业的业绩表现可能受到不同的经济因素的影响。同时，在不同地区进行投资可以降低地缘政治和地区性经济波动对投资组合的不利影响。此外，将资金分配到不同资产类别，如股票、债券等，也能够有效分散投资风险。

多元化投资组合不仅有助于抵御市场波动，还可以提高整体投资回报。当一个行业或地区面临困境时，其他投资领域表现更强劲，从而平衡整体投资组合的风险。通过仔细研究不同投资领域的特点和趋势，企业可以更好地进行资产配置，实现在不同市场条件下的稳健投资组合表现。

在制定多元化投资策略时，企业需要全面考虑各个投资领域的相关性，以确保分散投资的效果最大化。这需要深入的市场研究和风险评估，以找到最适合企业整体战略和风险偏好的投资组合结构。

第六章
财务会计法规与合规管理

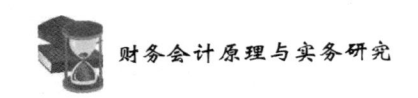

第一节　企业财务会计法规体系概述

一、国家法律法规

（一）《中华人民共和国会计法》

《中华人民共和国会计法》（以下简称《会计法》）作为企业财务会计法规体系的基石，对企业会计活动进行了全面而系统的规范。该法规通过明确的法律框架，确立了企业会计基本原则和核算内容，为企业的财务活动提供了明确的法律依据和指导方针。

在《会计法》中，规范了会计核算、监督等内容。《会计法》要求企业在财务报告中真实地反映其财务状况、经营成果和现金流量，避免虚假陈述。企业真实、完整地呈现其财务信息，确保投资者能够全面了解企业的财务状况。同时，强调了企业应及时、准确地发布财务信息，以满足各方信息需求。

此外，《会计法》还涉及了核算的特别规定。这包括资产、负债、收入、费用等方面的确认、计量等要求，为企业提供了编制财务报告的具体指引。合理的核算内容不仅有助于企业合规运营，也为利益相关方提供了准确、可信的财务信息。

该法规不仅规范了企业内部财务核算行为，还对企业对外报告和信息披露提出了具体要求。企业在执行《会计法》时，需要确保其财务报告的编制符合法定标准，以保证信息的真实性和透明度。同时，通过强调会计资料真实、完整的要求，该法规促使企业更加开放和透明地向社会披露其经济活动情况，维护了各方利益的平衡。

企业在执行该法规时，需深入理解其规定，建立健全的内部会计控制体系，确保财务信息的准确、及时、完整地反映企业的真实经济状况，从而促进企业的合规经营和可持续发展。

（二）税收法规

税收法规是企业财务活动中至关重要的法律依据，这些法规直接影响企业的经济运作和财务决策，要求企业在制定财务策略时充分考虑其规定，包括《中华人民共和国企业所得税法》《中华人民共和国增值税发》等。

《中华人民共和国企业所得税法》（以下简称《企业所得税法》）规定了企业对其所得应纳税的具体标准和程序。企业在制定财务策略时，需要仔细研究企业所得税法的相关规定。

《中华人民共和国增值税法》（以下简称《增值税法》）作为另一项重要的税收法规，规定了商品和劳务的增值税税率及征收方式。企业在销售商品或提供服务时，需准确遵循《增值税法》的规定，确保纳税的准确性和合法性。合规的纳税行为有助于企业维护与税收机关的合作关系，降低涉及税收方面的风险。

在制定财务策略的过程中，企业还需全面考虑其他相关税收法规，这些法规涉及企业在各个方面的财务活动，需要企业深入了解并确保依法履行相应的税收义务。

除了遵守税收法规的基本要求外，企业还应积极主动地与税收机关合作，及时履行纳税申报义务，提供准确完整的财务信息。与税收机关的良好合作关系有助于企业更好地理解税收法规的变化，及时应对税收政策的调整，降低税务风险。

（三）《中华人民共和国公司法》

《中华人民共和国公司法》（以下简称《公司法》）规定了企业的组织机构、治理方式等方面的要求，直接影响企业的财务活动。企业在日常经营中必须严格遵守公司法的规定，以确保公司治理的透明度和合规性。

《公司法》对企业的组织结构进行了详细规定。它明确了公司的设立程序、股东权益、董事会设置等重要要素。企业在财务决策中，必须符合《公司法》的组织结构要求，确保各级管理层和所有股东之间的权责关系明晰。《公司法》规定了董事会作为企业最高权力机构，其负责制定公司经营战略和财务计划，企业在财务活动中需在董事会的指导下进行，保障决策的科学性和合法性。

《公司法》对公司治理提出了一系列要求，包括信息披露、分配利润、公司合并等内容。在财务方面，《公司法》要求企业定期公开财务报告，包括资产负债表、利润表等，以提高公司经营情况的透明度，保护投资者权益。此外，《公司法》要求企业建立健全的内部治理机构，确保公司财务活动合规、安全、有效进行。通过严格的内部控制，企业可以有效防范财务风险，保障财务信息的可靠性。

《公司法》还规定了企业的审计制度，要求公司定期接受独立审计机构的审计。这一规定在财务活动中具有重要意义，审计可以为企业提供独立的、客观的

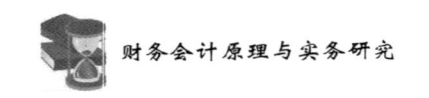

财务报告，增强投资者对企业财务状况的信心。企业在财务决策中需积极配合审计机构，确保审计的顺利进行，提高公司财务报告的可信度。

二、相关规定

（一）企业会计准则

企业会计准则是企业财务报告编制的具体规范，通过对资产、负债、收入、费用等的详细核算要求，确保企业在财务报告过程中能够遵循一致的标准，提高报告的准确性和公允性。企业会计准则的制定目的在于规范企业财务报告，为企业提供明确指引，防范潜在的资产估值和确认问题，增强市场信任度，促进市场的健康发展和资本的有效配置。

1. 资产方面的规定

企业会计准则对企业资产方面的规定主要包括资产的确认与计量，以及资产在财务报告中的准确呈现。这些规定旨在为企业提供明确的指引，降低在财务报告中可能出现的估值和确认问题，确保企业财务报告的真实性和可靠性。

首先，企业会计准则对各类资产的确认、计量和报告要求进行了明确规定。不同类型的资产，如固定资产、无形资产等，在确认和计量时需按照特定标准和程序执行，以确保企业对其资产数量有准确的认知。这种明确规范有助于企业避免在资产确认和计量过程中产生的不确定性，提高财务报告的可靠性。

其次，企业会计准则强调了资产在财务报告中的准确呈现。准确呈现资产是确保企业财务报告真实性的重要环节。通过规范的定义和呈现方式，确保企业对资产的描述和展示符合事实，避免了信息误导和不准确情况。这一方面有助于提高企业内外部对资产状况的了解，另一方面有助于投资者对企业的决策和评估。

在财务报告中，企业会计准则要求企业明确界定各项资产，并对其进行详细的核算。例如，在固定资产方面，准则规定了对固定资产的确认、计量和报告要求，包括明确固定资产的定义、采取成本模式或重新估值模式进行计量等。对于流动资产和无形资产，同样有具体的核算规定，以确保企业对这些资产的处理符合准则要求。

2. 负债方面的规定

企业会计准则对企业负债方面的规定具有明确性和详尽性。这包括负债的确认和计量原则，涵盖了长期负债、短期负债等的分类和报告方式。这些规定旨在为企业提供清晰的指引，确保其负债状况能够准确反映在财务报告中，为市场参与者提供真实、清晰的财务信息，从而增强市场信任度。

首先，企业会计准则强调了对负债的确认和计量原则。对于不同种类的负债，如长期负债和短期负债，准则规定了明确的确认和计量程序。在确认方面，企业需要按照特定标准和程序核实其负债的存在和金额。在计量方面，对于长期负债，可能涉及利率、现值计算等具体细节；而对于短期负债，则可能需要考虑实际发生的金额等因素。这种明确规定有助于企业规范负债的确认和计量，减少财务报告中可能出现的不确定性。

其次，企业会计准则对负债的分类和报告方式进行了详细规定。在财务报告中，企业需要清晰地区分长期负债和短期负债，以便投资者和其他利益相关者能够准确了解企业的偿债能力和债务结构。准则要求企业对负债进行适当的分类，例如，在长期负债中包括债券、长期借款等；而在短期负债中包括短期借款、应付票据等。这样的分类有助于提供更清晰、细致的财务信息，使市场参与者更容易理解企业的负债状况。

3.收入和费用的规定

企业会计准则对企业的收入和费用方面进行了详细而全面的规定，涵盖了收入的确认、计量和报告，以及费用的确认、计量和报告。这一系列规范旨在确保企业在编制财务报告时能够遵循一致的标准，提高报告的准确性、可比性和透明度。

企业会计准则明确了企业如何确认、计量和报告各类收入。无论是来自销售商品、提供劳务还是投资收益，准则都规定了详细的执行程序和标准。在确认方面，企业需按照特定的条件确认收入的发生时机，以确保其与实际经济利益的关联性。在计量方面，可能涉及销售价格、交易金额等具体的计量细节，以保证收入的准确性。财务报告中对收入的报告也需符合准则的要求，明晰而全面地呈现企业的盈利能力和运营状况。这种明确的规定有助于防范收入方面的潜在问题，提高财务报告的可信度。

同样地，企业会计准则也规范了企业对各类费用的确认、计量和报告。在费用的确认方面，准则规定了明确的执行条件，要求企业根据经济实质和法律形式确认相关费用。计量方面涉及成本、摊销、减值等多个方面的考虑，以确保费用的计量符合实际情况。在费用的报告方面，准则要求企业在财务报告中提供详细的费用信息，确保报告的透明度。这种规范性的指导有助于企业建立一个合理的、一致的财务报告框架，提高财务信息的可比性，为投资者和其他利益相关者提供更全面和清晰的财务信息。

· 81 ·

4.实施与市场影响

企业会计准则的实施在市场层面产生了显著效果。首先，从实施效果来看，企业会计准则的推行为企业提供了明晰的财务报告编制指南。这不仅有助于规范企业在财务报告过程中的操作，减少了可能的误差和不一致性，也为企业提供了清晰的财务框架，使其更好地了解和把握自身的经济状况。同时，这种规范性的指导为企业降低了在财务报告中出现的估值和确认问题的风险，提高了报告的准确性。

另外，企业会计准则的实施对市场行为产生了规范性影响。企业遵循这些准则提高了其财务报告的透明度，使市场参与者更容易获取真实而可靠的财务信息，这进一步降低了操纵风险，减少了信息不对称情况。投资者对企业财务信息的信任度因此得到提升，有助于构建一个公正、公平的市场环境。企业会计准则的实施也为市场提供了监管的基准，使市场能够更好地运作和发展。

从市场影响来看，企业应深刻理解并切实遵守企业会计准则，确保其财务报告的真实、准确和公允。这种遵循不仅有助于提高企业在市场中的竞争力，也为投资者提供了可靠的财务信息，促进了资本的有效配置。在市场上，遵守国家会计准则的企业更容易获得投资者的信任，吸引更多资本，进而推动企业的发展和扩张。与此同时，投资者可以更加明晰地了解企业的财务状况，科学地进行投资决策，降低了市场的投资风险。

（二）国际财务报告准则（IFRS）

国际财务报告准则（IFRS）作为全球通用的财务报告标准，旨在提供一致性、可比性的财务信息，为投资者提供更易理解和比较的不同国家和地区企业的财务状况。IFRS的制定目的在于降低跨国投资的信息不对称风险，增强国际投资者对企业的信心，提升企业在国际市场上的竞争力。

1.IFRS与我国企业会计准则的对比

IFRS与企业会计准则在资产、负债、收入、费用等方面的要求存在共性，然而，它们在一些重要方面也呈现出一定区别。企业在遵循IFRS时，需要根据其规定对这些财务要素进行确认、计量和报告，以确保其财务信息在国际范围内具有可比性和透明度。

在资产方面，IFRS与企业会计准则都明确规定了各类资产的确认、计量和报告要求。无论是固定资产、流动资产还是无形资产，均提供了具体而详尽的指导，确保企业在财务报告中对资产进行准确呈现。然而，IFRS与企业会计准则在一些具体的计量和报告要求上可能存在差异，需要企业根据其规定进行相应调整。

在负债方面，IFRS 与企业会计准则同样强调了负债的确认和计量原则，包括对长期负债、短期负债等的分类和报告方式的规范。这有助于企业明确其债务状况，为投资者提供真实、清晰的财务信息。然而，由于国家会计准则和 IFRS 在制定过程中受到各自国家和地区的法律、经济背景的影响，其在具体规定上存在一些细微差异。

在收入和费用方面，IFRS 与企业会计准则都详细规定了企业如何确认、计量和报告各类收入和费用。这包括销售商品、提供劳务、投资收益等，旨在确保企业在报告中充分体现其盈利能力和运营状况。然而，由于不同国家和地区在商业实践和法规方面的差异，IFRS 在具体要求上存在一些针对国际业务的调整。

2. 国际投资者的视角

从国际投资者的角度来看，国际财务报告准则（IFRS）的实施为其提供了更为统一和标准化的财务信息语言，极大地简化了对来自不同国家企业的财务状况进行评估和比较的复杂性。这一标准化的财务报告体系为国际投资者创造了更便捷和高效的投资环境，产生积极影响。

IFRS 的全球通用性使得国际投资者能够更轻松地理解和解读来自不同国家企业的财务报告。统一的财务报告标准消除了由于不同国家采用不同会计准则而导致的财务信息差异，为投资者提供了一致、可比的财务数据。这降低了在进行跨国投资时面临的信息不对称风险，为国际投资者提供了清晰和可靠的决策基础。

通过采用国际通行的财务报告标准，企业的财务信息变得更加透明和可信。这有助于降低国际投资者对于企业财务报告真实性的担忧，提高其对企业未来发展和盈利能力的信心。信心的增强使得国际投资者更倾向于将资本投入符合 IFRS 的企业中，从而推动国际资本的有效配置。

由于采用了相似的财务报告标准，国际投资者能够更容易地对比来自不同国家企业的财务状况。这种标准化的比较方式有助于投资者更全面地评估潜在投资机会，减少了在不同会计准则下进行复杂调整的需求，提高了决策效率。

3. 企业在国际市场中的应用

在国际市场中，企业遵循国际财务报告准则（IFRS）的应用不仅是一种法规遵循，更是一项重要的战略手段，有助于拓展国际业务、提高国际竞争力。通过符合 IFRS，企业不仅满足国际市场的法规要求，同时赢得国际投资者的信任，

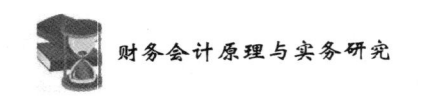

为企业的可持续发展奠定坚实的国际财务基础。

在国际市场上，各国和地区存在不同的会计准则和法规，企业若能够采用IFRS，即符合国际通行的财务报告标准，可以降低在不同国家运营时的法规遵循复杂性。这有助于企业规范国际市场时更加顺利地遵从各地法规，降低法律合规风险。

国际投资者更倾向于与遵循IFRS的企业合作，这为企业提升国际竞争力提供了显著优势。国际财务报告准则的采用使企业的财务信息更透明、可靠，国际投资者能够更轻松地对企业的财务状况进行准确评估。这增强了国际投资者对企业的信心，使得企业更有可能吸引跨国投资，进而提升了在国际市场上的吸引力。

同时，遵循IFRS也为企业在国际市场上建立声誉和信誉创造了良好的条件。国际财务报告准则的应用意味着企业愿意接受全球标准，展示了其对透明度和财务规范性的承诺。这有助于建立企业的良好形象，为其在国际市场上树立可信赖的品牌形象，提高了市场认可度。

三、监管规定

证监会规定是上市公司在资本市场中必须遵守的监管标准，其实施旨在确保市场的公平、公正、透明，并保障投资者对上市公司财务状况的清晰准确了解。证监会规定包括财务报告的披露要求和信息发布的时限等重要方面，旨在确保投资者能够及时获取全面的财务信息，从而做出明智的投资决策。此外，规范的信息披露也有助于防范内幕交易、信息泄露等不当行为，维护市场秩序。

1.财务报告的披露要求

证监会规定了上市公司在财务报告方面的披露要求，其中包括年度财务报告和季度报告。这些规定的实施旨在保障市场的公平、公正、透明，确保市场参与者对上市公司的财务状况有清晰准确的了解。

上市公司在年度财务报告方面需要按照一定的标准和时间表进行披露。这一年度财务报告涵盖了公司的资产负债表、利润表、现金流量表等重要财务信息。通过这些财务报告，市场参与者可以全面了解公司的经济状况，包括其资产和负债的状况、盈利能力以及现金流动情况。这有助于投资者基于全面的信息做出明智的投资决策，同时提高了市场的透明度。

除了年度财务报告外，证监会还规定了上市公司需要按季度披露其财务状况。季度报告的频繁披露有助于投资者更及时地了解公司的经营情况，获取公司的财务信息,以便能够更灵活地调整其投资策略。这有助于市场对公司的动态变化有更敏锐的感知,促使市场更加及时地作出反应。

2.信息发布的时限

证监会对上市公司信息发布的时限制定了明确的规定,要求在公司接触到可能对其股价产生重大影响的信息时,必须以及时、公平的方式向投资者披露。这一规定的背后旨在建立和维护一个公正、透明的市场环境,以防信息不对称,保护投资者的利益,维护整个市场秩序。

在这一制度下,上市公司需要在第一时间内披露可能对其股价产生重大影响的信息。这种及时性的要求有助于确保投资者在最短时间内获取公司的最新动态,避免因信息延迟披露而导致投资者无法及时调整其投资策略。通过及时披露,市场参与者能够更加准确地了解公司的经营状况,进而做出更理性、科学的投资决策。

公平性是另一个重要原则,要求上市公司在信息披露时不偏袒任何特定的投资者或群体,确保信息在市场上的公平传播。这种公平性的原则有助于防范内幕交易、信息泄露等不当行为,维护市场的公平竞争环境。投资者能够在同一时间内获取相同的信息,避免因信息传递不公平而导致市场不稳定。

信息发布的时限规定不仅是一种合规性要求,更是为了建立一个公正、透明、有序的市场环境,维护投资者的权益,促进市场的稳定运行。上市公司积极遵循这一规定,不仅有助于增强市场参与者对市场的信心,也有助于提升公司的声誉和形象。这种规范性的信息披露机制有助于确保市场的有效运作,为投资者提供了更可靠的信息基础,有利于整个资本市场的长期健康发展。

3.合规运营与市场声誉

证监会规定的实施不仅是上市公司合规运营的要求,更是在资本市场中获得投资者信任和维护企业声誉的重要手段。合规运营成为上市公司取得市场信赖的基石,通过遵循监管规定,公司不仅能够降低法律风险,还能够提升市场声誉,吸引更多投资者的关注和信任。

首先,合规运营是上市公司在资本市场中的重要手段之一。证监会制定的实施细则涉及了财务报告、信息披露、内幕信息管理等方面,旨在规范公司的经营行为,保障市场的公平竞争和透明运作。公司需要全面理解并切实遵守这些规定,确保其业务活动符合法规要求,从而降低法律风险,确保合规运营。

其次,投资者信任度的提升是合规运营的直接结果。通过全面理解和切实遵守证监会的规定,上市公司能提高市场透明度,降低信息不对称风险,从而提升投资者对公司的信任度。投资者更愿意选择那些合规运营、透明度高的企业进行投资，因为这样的公司通常更能提供真实、可靠的财务信息，降低了投资的不确定性。因此，公司在市场中树立的合规形象直接影响投资者对其的信心和信任。

在竞争激烈的市场中，合规运营为公司赢得更多机会提供了有力支持。公司的合规记录直接关系到其在资本市场中的声誉和形象。拥有良好的合规记录的公司更容易吸引投资者的关注，进而获得更多融资机会。合规运营不仅是一种法规遵循，更是企业展示自身良好治理和负责任经营的方式，有助于提高公司在市场中的竞争力。

第二节　企业合规管理与内部控制

一、财务报告的合规性

（一）遵循会计政策和核算方法

1. 会计估计的合理性

在确保财务报告的真实性和可比性的过程中，企业首要关注的是会计估计的合理性。会计估计是涉及对未来不确定性事项进行合理估计的过程，其中包括坏账准备、存货减值等。为确保财务报告的真实性，企业必须采用合理的标准和方法进行估计，全面考虑未来的风险和不确定性。

首先，企业在处理坏账准备时需要审慎考虑。这涉及对将来可能发生的账款违约的估计，需要综合考虑客户的信用状况、行业经济状况等因素。采用透明的方法进行坏账准备的估计，能够更准确地反映企业可能面临的信用风险，确保财务报告不因坏账准备不足而失真。

其次，存货减值的估计是保证财务报告合理性的重要因素。企业在面对市场波动和需求不确定性时，需要对存货的减值进行合理的估计。采用一致、合理的估计方法，能够更好地反映存货价值的变动，避免企业的财务报告受到存货价值估计不当产生的信息失真。

透明、合理、一致的估计方法对于提高财务报告的准确性至关重要。透明性保证了外部利益相关方能够清晰地了解企业的估计方法和依据，使财务报告更易被理解。合理性确保了企业在估计过程中能够客观、全面地考虑各种可能的影响因素，避免主观性的误差。一致性保证了估计方法在不同时期和情境下的应用一致，使得财务报告具备可比性。

因此，企业在财务报告编制中需强调会计估计的合理性，确保其在估计过程中符合透明、合理和一致的原则。这不仅有助于提高财务报告的准确性，还有助于增强企业的透明度和信任度，从而更好地满足外部利益相关方对财务信息的需求。

2. 资产负债表和利润表的准确编制

资产负债表和利润表的准确编制是确保财务报告可比性的重要步骤。这两个核心财务报表在企业财务报告中占有重要地位，为外部利益相关方提供了对企业财务状况和经营绩效的全面了解。在编制资产负债表和利润表时，企业必须遵循一系列相关的会计政策和核算方法，以保障财务信息的一致性、准确性和可比性。

资产负债表的正确编制要求企业准确确认和计量其资产和负债。资产负债表是反映企业在特定时间点上的财务状况，包括资产（如现金、应收账款、存货等）和负债（如短期债务、长期负债等）两大类。企业应确保对各项资产和负债的确认和计量符合相关的会计准则，以确保资产负债表的真实性。合适的分类和计量方法有助于准确反映企业的财务状况，使得外部用户能够清晰地了解企业的资产构成和负债结构。

利润表的准确编制涉及企业对收入和费用的确认。利润表是反映企业在一定时期内盈利情况的财务报表，包括营业收入、成本、税前利润等要素。在编制利润表时，企业需要严格遵守相关的会计政策，确保对收入和费用的确认符合实际经济业务的发生原则。正确的收入和费用确认方法有助于反映企业真实的盈利状况，为外部利益相关方提供可靠的经营绩效信息。

3. 会计政策的变更对财务报告的影响

企业在经营过程中，可能会面临需要进行会计政策变更的情况。这样的变更会对财务报告产生影响。因此，企业需要谨慎处理会计政策的变更，以保持财务报告的一致性和可比性，防止信息的误导和不明确。

当企业出现必要的会计政策变更时，其应以透明、公正的方式进行说明。这意味着企业需要在财务报告中清晰地陈述会计政策的变更原因、动机和相关的内外部背景。通过透明度的披露，企业能够向外部利益相关方传递积极的信息沟通，减少猜测和误解，维护企业的信誉和声誉。

企业在财务报告中要充分披露会计政策变更的影响。这包括对财务状况、经营绩效和现金流量等的潜在影响。通过详细的影响披露，企业能够提供给外部利益相关方更全面的信息，帮助其更好地理解会计政策变更对财务报告的实质性影响。

为了保持财务报告的一致性和可比性，企业还应特别注意在变更前后进行横向和纵向比较。横向比较涉及同一时期内不同会计政策的对比，而纵向比较则关注相邻时期内同一会计政策的演变。这有助于外部利益相关方更好地理解变更前后的财务状况和经营绩效，形成对企业长期发展的准确认识。

（二）合规的财务报告的重要性

1.企业信用的体现

合规的财务报告是企业信用的显著体现。这一报告的真实、准确和公允呈现，为市场参与者提供了对企业财务信息。财务报告的合规性直接关系到企业在商业生态系统中的信任度和竞争力，不仅对投资者、供应商、客户等各方的决策产生影响，同时构建了企业在商业关系中的稳健形象。

在这一背景下，合规的财务报告不仅是对企业财务状况的全面展示，更是对其经营活动的合法性和透明度的充分体现。投资者通过对财务报告的认可，能够更全面地了解企业的盈利能力、财务健康状况和长期发展潜力。这样的透明度增强了投资者对企业的信心，使其更倾向于将资金投入到这一信誉良好、合规运营的企业中，从而为企业赢得更多融资和扩大经营提供了有力支持。

此外，供应商和客户等商业伙伴也将合规的财务报告作为评估企业信用的重要依据。供应商通过财务报告来评估企业的支付能力和稳健性，而客户通过对企业财务状况的了解，来判断是否与企业建立更深入的业务合作。一份合规的财务报告为企业赢得这些商业伙伴的信任，有助于构建积极的商业关系，推动整个产业链的协同发展。

2.维护市场秩序的必要手段

合规的财务报告被视为维护市场秩序的重要手段。市场作为经济体系的核心，其正常运作依赖于准确、透明的财务信息，而财务报告作为企业向外界传递信息的主要途径，对市场秩序的维护起到了决定性作用。

首先，合规的财务报告有助于减少信息不对称。在市场交易中，信息不对称是一种常见的问题，即买卖双方在交易中所拥有的信息水平不一致。而财务报告的合规性要求企业按照一定的会计准则和法规编制报告，确保报告中包含的信息是真实、准确、全面的。这有助于降低市场参与者之间的信息差异，提高市场的透明度，使所有投资者能够基于相同的信息做出决策，从而降低市场的不确定性，保障市场的公平交易。

其次，合规的财务报告有助于防范操纵市场的行为。不合规的财务报告包含虚假信息，导致市场价格的异常波动。通过规范财务报告的编制和披露，监管机构能够更容易地发现和打击市场操纵行为。合规的财务报告作为可靠的信息来源，有助于监管机构及时发现违规行为，维护市场的公平性和稳定性，确保市场参与者在公正的环境中交易。

最重要的是，企业通过遵循法规和规范行为，共同构建了一个有序的市场环境。市场秩序的维护不仅依赖于监管机构的力量，更需要企业自觉遵守规则，形成一种共同遵循的市场文化。合规的财务报告是企业遵循规则的具体表现，它不仅为市场注入了信心，还为市场提供了一个稳定的基础。在这种共同维护的市场秩序下，市场能够更好地发挥资源配置和价值发现功能，促进了整体经济的健康发展。

因此，合规的财务报告通过降低信息不对称、防范市场操纵、共同构建有序市场等方式，成为维护市场秩序不可或缺的手段，对经济的稳定和可持续发展起到了积极的推动作用。

3. 保障投资者权益的重要手段

合规的财务报告被认为是保障投资者权益的重要手段。在现代资本市场中，投资者在做出投资决策时通常依赖企业发布的财务报告，因为这是他们全面了解企业财务状况和经营绩效的主要途径。

合规的财务报告通过提供真实、准确、全面的企业财务信息，增强了投资者对企业的信心。投资者在投资时需要了解企业的财务状况，以便更好地评估其潜在的投资风险和回报。合规的财务报告通过公正、透明的方式呈现企业的财务状况，使投资者能够更全面地了解企业的运营状况，从而更有信心地做出投资决策。

合规的财务报告降低了投资风险。投资者在资本市场中所面临的风险主要包括信息不对称和市场操纵。合规的财务报告有助于减少信息不对称，提高市场透明度，使投资者能够更准确地评估企业的价值和风险。通过提供真实和可靠的财务信息，合规的财务报告帮助投资者做出明智的投资决策，降低了投资的不确定性。

财务报告的合规要求推动了资本市场的发展。投资者更愿意将资金投入具有透明度和规范的市场中。合规的财务报告有助于构建健康、公平的市场环境，吸引更多投资者的参与，提高了市场的流动性和效率，进而推动了资本市场的发

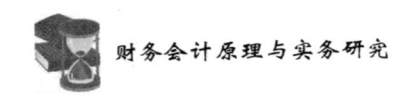

展，为企业和投资者创造了更多机会和利益。

二、信息披露的合规性

（一）遵守信息披露规定

1. 定期报告的发布

为确保透明度和保护投资者权益，企业必须切实遵守信息披露规定，其中的一个重要举措就是定期报告的发布。定期报告作为企业按规定周期向公众披露的财务信息的主要形式之一，在很大程度上有助于投资者全面了解企业的长期经营状况，进而形成对企业价值的准确判断。

通过按时发布年度报告、半年度报告等定期财务报告，企业向外界展示了其经营状况的真实面貌。这种透明的信息披露有助于建立市场对企业的信任，提高投资者对企业财务状况的了解程度。透明度的提高使得市场参与者能够做出明智的投资决策，从而促进了资本市场的健康发展。

定期报告的发布有助于投资者全面了解企业的经营状况。这类报告通常涵盖了企业在一定时期内的财务状况、经营业绩、现金流量等详细信息。投资者通过研读这些报告，可以更全面地了解企业的运营策略、市场竞争状况以及未来的发展规划。这种深入了解有助于投资者形成对企业长期价值的准确判断，为其投资决策提供了有力支持。

定期报告的按时发布还有助于形成对企业价值的准确判断。通过这些报告，投资者可以了解到企业的盈利状况、资产负债状况、现金流量等财务指标，从而更准确地评估企业的价值。这种及时、详尽的财务信息有助于投资者制定更明智的投资战略，降低投资风险，提高市场的运作效率。

2. 透明度对投资者决策的重要性

透明度在信息披露中的重要性不可忽视，尤其对于投资者的决策起到至关重要的作用。投资者在进行投资决策时，需要充分了解企业的经营状况、未来发展潜力和风险水平，而信息披露的透明度直接关系到投资者能否做出明智的决策，进而影响整个市场的正常运作。

首先，透明度提供了全面、清晰的信息基础，帮助投资者更好地评估企业的经营状况。通过透明度高的信息披露，投资者能够获取翔实的财务信息、业务运营情况以及重要业绩指标。这种全面的信息展示有助于投资者全面了解企业的财务健康状况，形成对企业价值和潜在风险的准确认知，从而为投资决策提供有力支持。

其次，透明度有助于投资者更准确地评估企业的未来发展潜力。透明的信息披露能够提供关于企业战略规划、市场定位、研发计划等详尽信息。投资者通过这些信息可以更好地判断企业是否具有可持续增长的潜力，进而调整其投资组合，选择更具发展潜力的企业，实现长期的投资价值。

另外，透明度还有助于投资者更全面地了解企业的风险水平。在信息披露中，透明度高的企业通常更愿意公开关于市场竞争、法律合规、行业风险等的信息。这有助于投资者更全面地评估潜在的风险，为其投资决策提供更可靠的依据，避免盲目投资带来的不确定性。

（二）投资者关系管理

1. 建立健全的投资者关系管理制度

在复杂多变的商业环境下，建立健全的投资者关系管理制度对企业至关重要。这一制度不仅是一种合规性要求，更是企业维护声誉、促进透明度的重要举措。通过定期的投资者沟通会议、电话会议等方式，企业能够及时回应投资者的关切和提问，为其提供翔实的财务信息和战略规划，从而实现企业与投资者之间的紧密互动。

首先，定期的投资者沟通会议为企业提供了一个与投资者面对面交流的平台。通过这种交流，企业可以详细介绍自身的经营状况、业务发展计划和未来战略规划。投资者也有机会提出问题和关切，进而深入了解企业的运营情况，形成对企业的全面认识。这种直接的互动有助于消除信息不对称，提高投资者对企业的信任度。

其次，电话会议等远程交流方式为企业与全球范围内的投资者建立联系提供了便利。在全球化背景下，企业面对不同国家和地区的投资者。通过电话会议，企业能够迅速响应投资者的需求，同时降低了沟通的成本。这种远程交流方式为投资者提供了参与的便利，促使更多投资者了解企业的业务动态和发展战略。

此外，及时回应投资者是投资者关系管理中的重要环节。企业需要建立快速、高效的回应机制，确保能够及时回应投资者的疑虑和问题。通过主动回应，企业不仅能够减小信息波动对股价的不良影响，还能够传递出企业积极应对挑战、真实透明的态度，从而增强投资者对企业管理层的信任。

2. 定期的投资者沟通会议

在企业运营中，定期的投资者沟通会议充当着与投资者直接交流的重要平台，为建立健全的投资者关系提供了有效途径。这类会议扩展了企业与投资者之间的互动范围,提供了翔实的信息,有助于增强透明度和投资者对企业的信任。

这种交流平台为企业提供了一个展示自身经营状况的机会。企业可以通过定期的投资者沟通会议详细介绍其财务状况、业务模式、市场定位等情况。通过这些信息的呈现,企业能够向投资者传递有关自身战略和运营决策的全面理解。这种直观的展示有助于投资者更深入地了解企业的核心业务和发展方向。

同时,定期的投资者沟通会议为投资者提供了一个直接参与并提出问题的平台。在这样的会议中,投资者可以就企业的财务状况、未来发展计划、风险控制等向企业提问。这种互动有助于消除信息不对称,使投资者能够更全面、准确地了解企业的经营情况。通过投资者的提问,企业能够更好地了解市场的期望和关注点。

这一直接的互动有助于建立更紧密的投资者关系。投资者通过参与这些定期的会议,不仅能够获取及时的企业信息,还能够感受到企业管理层的开放和负责任态度。这有助于增强投资者对企业的信心,提高他们对企业未来发展的预期。

3. 交流方式的便利性

在全球化时代,电话会议等远程交流方式已经成为企业与全球范围内的投资者建立联系的便利工具。这种方式为企业提供了跨越时空的沟通途径,有效地缩短了地理距离,为全球范围内的投资者提供了更加便捷的参与方式。

首先,远程交流方式的便利性在于其快速响应的特点。企业面对来自不同国家和地区的投资者,而传统的面对面交流会受到时差和距离的限制。电话会议等远程方式能够迅速响应投资者的需求,保持及时的沟通,使信息能够迅速传递。这有助于企业更有效地回应市场的变化和投资者的信息需求。

其次,远程交流方式降低了沟通成本。相比于企业与投资者跨越国际进行面对面的交流,电话会议等远程方式不仅能够大幅减少旅行和住宿等相关费用,还降低了与远程沟通相关的时间成本。这使得企业更灵活地安排与全球投资者的交流,全球投资者更容易参与企业的投资者关系活动,促进了信息的传播。

远程交流方式的便利性同时为投资者提供了更加灵活的参与方式。投资者无须耗费时间和金钱进行长途跋涉,通过电话会议等方式,他们可以在办公室、家庭或任何其他方便的地方参与会议。这种便利性促使更多投资者积极参与企业的投资者关系活动,了解企业的业务动态和发展战略,形成更加紧密的互动关系。

4. 及时回应投资者

及时回应投资者是企业投资者关系管理中至关重要的一环。在复杂多变的商业环境中,企业应该建立一套快速高效的回应机制,以确保能够及时回应投资者的疑虑和问题。这一过程不仅有助于维护公司的声誉，减小信息波动对股价的不良影响，更能够传递出企业管理层积极应对挑战、真实透明的决心，从而在投资者中建立牢固的信任。

首先，及时回应投资者的机制应该具备高效性。这需要企业建立一个响应迅速的团队，能够迅速识别和理解投资者的关切点，并在第一时间作出准确翔实的回应。这种高效机制不仅有助于满足投资者对信息的需求，还可以降低信息传递的滞后性，有效避免信息传递的失真。

其次，主动回应投资者是维护透明度和信任的有效手段。通过及时而主动的回应，企业能够积极参与投资者的关切，主动提供相关信息，避免投资者因信息不足而产生疑虑。这种真实透明的态度有助于建立企业与投资者之间的互信关系，为未来的合作奠定坚实基础。

此外，响应机制还需要具备灵活性，能够根据投资者关切的不同而进行差异化回应。不同投资者对企业的关注点不同，因此企业的回应机制应该具备辨识投资者关切点的能力，提供个性化、针对性的回应。这有助于企业更好地满足投资者的需求，提高回应的效果。

第七章
财务会计的未来发展与趋势

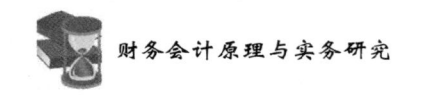

第一节　大数据技术对财务会计的影响

随着信息时代的不断发展，大数据技术逐渐渗透到各行各业，财务会计领域也不例外。在财务会计中，大数据技术的应用主要体现在数据的收集、处理和分析方面。企业可以通过大数据技术更全面、准确地获取各类财务信息，包括交易数据、成本数据、税务数据等。这为财务报告的编制提供了更可靠的数据支持。

一、对"大数据"的分析

大数据时代是先进科学技术发展的产物，为适应社会发展并满足企业新需求，必须合理科学地应用这些技术。大数据技术为信息处理功能提供了更强大的支持，通过大数据技术，企业能够实现信息的综合发展，加强信息的搜集能力，扩大信息搜集和利用的范围，充分应用网络技术优势。大数据时代，企业财务管理发生了巨大变革。然而，数据类型的复杂性是一个挑战，若不能正确使用大数据技术，信息的准确性和有用性将大幅降低。财务管理发展具有独特性，利用大数据技术时必须结合财务管理的特点，充分发挥大数据优势，提高企业发展效率。

大数据时代，云计算变得异常热门，对企业财务管理产生了重要影响。云计算通过对资源进行模块化管理，使各类复杂和不同类型的资源能够更合理配置，发挥各自作用。这不仅方便企业员工工作，还能协助企业进行自动分析，提供科学清晰的分析结果，为财务管理提供可靠依据。云计算具有服务迅捷和稳定性高等特征。

大数据时代为先进科学技术的蓬勃发展提供了契机，通过综合利用网络技术和信息处理技术，大数据技术为信息处理提供了强大支持。在企业财务管理方面，大数据技术的应用使得信息处理更加灵活，能够及时调整企业结构以适应市场发展。

二、大数据对企业财务管理的影响

（一）大数据时代对企业财务管理的影响

1. 挑战与机遇

大数据时代的崛起标志着企业经营管理迎来了一场深刻变革。然而，随着新时代的到来，一些企业在适应这一发展趋势时面临一系列挑战。首先，一部分企业因为实力相对较弱，无法迅速适应大数据时代所带来的复杂性和高度竞争性。其次，一些企业的管理层素质相对较低，未能充分理解和把握大数据技术的潜在价值，从而导致其在新时代的发展受到限制。最后，对大数据应用缺乏重视也是企业面临的挑战之一，因为缺乏对大数据的重视会使企业错失了在信息化时代获取竞争优势的机会。

尽管大数据时代带来了一系列挑战，但与此同时，这个新时代也为企业带来了巨大的机遇。首先，大数据技术的应用为企业提供了更全面和精准的数据支持，使其能够更深入地了解市场、客户和业务运营等情况。这有助于企业更准确地把握投资机会，并迅速做出融资决策。其次，大数据时代为企业提供了更多创新的可能性，通过深度分析和挖掘大数据，企业可以发现新的商业模式、产品和服务，为其未来的发展开辟新的道路。此外，大数据还可以帮助企业更好地理解客户需求，提供个性化的产品和服务，从而提高客户满意度，形成良好的品牌形象。

因此，企业在大数据时代需要正视挑战，提升自身的应对能力，同时充分认识到这个时代所带来的机遇。通过加强管理层的培训和素质提升，企业可以更好地理解和应用大数据技术，从而充分适应这一新时代的发展趋势。同时，企业还需加大对大数据应用的重视，建立以数据为基础的决策体系，使得大数据成为企业发展的有力支撑。通过把握大数据时代所蕴含的机遇，企业将在竞争激烈的市场中脱颖而出，实现可持续发展。

2. 提升决策效能

在财务管理的工作中，对各类数据信息的详尽分析和整理是至关重要的，因为这为制定相关资料提供了决策者参考的基础。大数据技术的引入使得这一过程更高效和精准。

通过对市场、投资、成本等多方面数据的综合分析，企业形成财务战略决策。大数据为企业提供了更全面的数据支持，其覆盖面和深度远远超出了传统手段。通过大数据技术，企业能够实时获取并分析海量数据，快速形成对市场趋势、竞争态势等重要信息的把握，使得财务管理的决策效能得以提升。

大数据技术通过高级的数据处理和分析手段，使财务管理呈现出直观、清晰的结果。这使得决策者能够更准确地把握企业的财务状况，及时发现潜在的问题并作出相应调整。同时，大数据技术的实时性也为企业提供了更灵活的决策空间，使其能够更迅速地应对市场的变化，有效降低了决策的滞后性。

（二）大数据技术与企业财务管理的融合

随着计算机技术和云计算的广泛应用，这些先进的技术正在改变企业财务管理模式。大多数企业纷纷将计算机技术和云计算等先进技术投入财务管理的发展和应用中。计算机技术在财务管理中的应用带来了诸多优势。首先，计算机技术实现了财务数据的电子化处理，替代了传统的手工记录方式，从而提高了数据的准确性和可靠性。通过电子化处理，企业能够更加高效地进行财务核算和报表生成，减少了人为错误的发生，提升了整体的工作效率。其次，计算机技术为企业提供了强大的数据存储和管理能力，使得海量的财务数据能够得到有效整理和管理，为决策者提供全面、及时的数据支持。

云计算的兴起为企业财务管理带来了新的发展机遇。云计算是对资源进行模块化管理的一种模式，通过互联网将计算资源进行若干程序的划分，实现资源的灵活配置。在财务管理方面，企业可以借助云计算技术，实现对财务数据的实时存储、共享和访问。云计算使得企业无须过多投资于硬件设备，降低了财务管理成本，提高了资源利用效率。

这种技术的广泛应用推动了财务管理模式的现代化。传统的财务管理模式相对较为烦琐，而计算机技术和云计算的结合为企业提供了更灵活的财务管理配置。通过这些先进技术，企业能够更便捷地进行财务数据的处理和分析，从而更好地适应市场的快速变化。云计算的灵活性使得企业能够根据实际需求进行资源配置，提高了整体的财务管理效能。

三、大数据背景下企业财务管理转型发展措施

（一）财务工作内容的转变

大数据时代，财务管理工作的内容发生了显著转变，主要体现在建立一个发展模型来整理和搜集相关信息。大数据技术的应用为财务管理人员提供了强大的工具和方法，使得财务管理的工作更高效和智能。

财务管理人员在大数据时代可以通过关键词搜索迅速找到所需信息，无须花费大量时间手动搜集数据。这一发展模型通过大数据技术的支持，使得相关信息的整理和搜集变得更加便捷和迅速。而且，通过自动化的数据分析，财务管理人员能够轻松生成图表或表格，直观地展示相关的数据分析结果。这种工作模式不仅大大简化了工作流程，而且提高了分析的深度和准确度，使得财务管理人员能够更迅速地把握重要信息。

在建立发展模型的过程中，大数据技术的应用使得财务管理人员在问题出现时能够迅速而有效地进行分析并解决问题。通过大数据技术的支持，财务管理人员能够更全面地了解企业的财务状况，及时发现问题，并采取相应的措施解决。这有效地确保了财务管理的准确性和及时性，为企业提供了可靠的决策支持。

（二）加大信息化建设力度

1. 信息化建设的重要性

大数据时代，信息化建设成为企业发展不可或缺的要素。特别是在财务管理领域，依赖计算信息数据的整理和分析，使得信息化建设对于企业财务管理的发展至关重要。在进行会计工作时，企业必须加大信息化建设力度，以适应数字化时代的需求。

信息化建设的核心之一是建设信息平台，为财务管理提供更先进、高效的工作平台。这需要充分发挥大数据技术的作用，将其纳入企业的信息化架构中。通过建设强大的信息平台，企业可以更便捷地获取和管理财务数据，为决策提供更准确和及时的支持。这种信息平台建设是财务管理现代化的基石，能够推动整个企业朝着数字化方向发展。

与此同时，信息化建设也需要结合企业的发展，以及企业的具体情况，不断完善相关内容。企业在信息化建设中需要根据自身业务特点和需求，制定符合实际的信息化战略和规划。这包括对信息系统的定制和优化，以及培养财务管理团队具备应对数字化时代挑战的能力。信息化建设过程是一个不断改进和适应的过程，只有与企业的实际情况相结合，才能更好地发挥信息化建设的效益。

信息化建设对企业的发展至关重要，尤其在大数据时代。在财务管理方面，信息化建设能够加速数据处理和分析的速度，提高工作效率，为企业决策提供更可靠的基础。通过建设强大的信息平台，结合企业的具体情况，不断完善相关内容，企业可以更好地适应数字化时代的挑战，实现财务管理的现代化和科技化。因此，信息化建设在企业的长远发展中扮演着不可替代的角色。

2. 实现信息化的发展形式

为了更好地利用大数据技术为财务管理服务，企业必须积极推动实现信息化的发展形式。这包括合理进行资金分配，以确保信息化建设能够得到充分支持。在投资发展方面，企业需要考虑信息化的需求，使得各部门之间能够协调工作，形成一个有机的整体。通过加强信息化建设，企业可以更全面地了解大数据技术。在实现信息化发展形势的过程中，企业需要充分认识到信息化对于大数据时代企业的重要性。合理的资金分配是信息化建设的基础，确保项目的顺利推进。

企业应该充分了解各部门对于信息化的需求，确保每个部门都能够得到满足其实际业务需求的信息化支持。这有助于形成一个高效的信息化系统，提高企业内部协同效率。

投资发展是企业持续增长的重要因素之一。大数据时代，信息化建设对企业的投资决策、战略规划等方面起到了至关重要的作用。企业在制订投资计划时，应该充分考虑信息化的要求，使得投资能够更好地满足企业未来的发展需求。这有助于企业更加灵活地适应市场的动态变化，提高其竞争力。

企业管理层需要不断提升对大数据技术的认识，引导企业充分利用大数据技术的优势。这不仅有助于增强企业在市场上的竞争力，还为财务管理提供更全面和实时的支持。

第二节　国际会计准则对财务会计的影响

一、国际会计准则的发展趋势

（一）全球通用财务报告准则的重要性

全球经济的蓬勃增长以及跨国贸易和投资的日益增加，使国际会计准则（IFRS）在国际舞台上的重要性逐渐凸显。全球化背景下，企业被要求以一致的方式报告其财务信息，以便更好地促进国际比较和投资决策。

随着各国经济的相互依存程度加深，企业在全球范围内开展业务更为常见。这种全球性的商业活动使得统一的财务会计规范尤为重要，以确保企业能够在不同国家和地区间实现财务信息的一致性和可比性。因此，IFRS通过其发展不断适应并满足全球经济的多元化需求，促使企业更加积极地参与全球市场。

国际贸易和跨国投资的不断增加也为IFRS的发展提供了推动力。企业越来越倾向于跨足国际市场，这使得标准化的财务报告成为跨国企业沟通和合作的重要工具。IFRS旨在确保不同国家和地区的企业都能够采用相似的会计规范，从而增强财务信息的可比性。这有助于投资者更有效地进行比较和决策

IFRS的演进凸显了在全球一体化背景下，财务报告一致性的重要性。这一发展趋势不仅反映了国际经济融合的需求，也强调了财务报告在全球范围内的可比性。企业和投资者在面对不断扩大的国际商业环境时，越来越需要依赖一致、可比的财务信息，以便投资者更有效地进行比较并做出明智的投资决策。

全球化时代，IFRS 的发展对于加强国际比较性和可比性产生深远影响。它不仅提供了一种共同的财务语言，促进了企业之间的协同合作，也为投资者提供了更准确和可靠的财务信息，使其能够更有信心地参与国际市场。因此，IFRS 的不断强调国际比较性和可比性，将在未来继续引领全球财务报告准则的发展方向，以适应不断变化和扩大的国际商业需求。

全球商业环境的演变要求财务会计规范具备强大的适应性。IFRS 将重点关注如何灵活应对不同国家和地区之间的商业环境差异，以确保其准则不仅在国际范围内保持一致性，同时也能够满足各地的具体需求。这种适应性的追求旨在使 IFRS 能够更好地反映企业在不同文化、法律和经济背景下的运营状况。

IFRS 致力于建立统一的财务报告标准，以促进全球经济的可持续发展。这意味着财务会计规范需要适应不同国家和地区的法规、制度和商业习惯。通过建立更统一的标准，IFRS 旨在降低企业在全球范围内遵循不同会计准则所带来的成本和不确定性。

（二）透明度和披露标准的提升

企业需要不断调整其财务披露工作，以满足 IFRS 新的标准和规范。这种持续的变化推动企业在财务报告中更加积极主动地报告重要信息，以确保财务报告的准确性和全面性。企业需要审慎评估其会计政策，确保其与最新的 IFRS 要求一致，同时适应不断变化的商业环境。

通过对财务信息披露的详尽规定，IFRS 致力于提高企业财务报告的透明度，使其更易于理解和解读。这对于投资者和其他利益相关方来说是至关重要的，因为透明度的提升可以增加投资者对企业经营状况和风险的理解

企业需要不断调整其财务报告工作，以满足更高标准的透明度要求。这包括提供更详细和全面的业务和财务信息，以及更清晰地解释会计政策和核算方法。企业需要更加主动地与利益相关方沟通，确保他们能够充分理解企业的财务状况和未来展望。

透明度高的财务报告能够使投资者更轻松地理解企业的运营情况。大数据时代，企业越来越意识到透明度对于建立稳固的投资者信任和满足不断增长的利益相关方期望的重要性。

详细和全面的财务信息披露有助于解锁企业运营的深层次信息，提供投资者更全景的企业画面。这种披露包括对重要业务和财务指标的清晰阐述，使投资者能够更深入地了解企业的经济状况、财务健康和未来发展前景。透过这些披露，

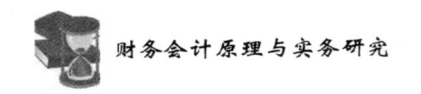

投资者能够更准确地评估投资的风险和回报，从而更有信心地参与市场。

透明度的提高不仅有助于投资者的决策，也为企业树立了良好声誉。通过主动披露详细的财务信息，企业表明其对投资者和其他利益相关方的负责任态度。这有助于建立稳固的企业声誉，吸引更多投资者和合作伙伴，从而为企业的可持续发展创造有利条件。

企业将越来越注重对关键业务和财务指标的清晰披露，以回应投资者对更具体信息的需求。这包括详细的财务报告、业务运营的关键驱动因素、风险管理策略等信息。透明度的提高将成为企业与投资者之间建立信任和合作的桥梁，为企业未来的发展奠定坚实基础。

透明度的提升推动企业审视其会计政策和实践。企业需要确保其会计方法符合最新的国际会计准则（IFRS）要求。这涉及对会计估计的审慎和慎重，以确保报告的准确性和公允性。维护企业声誉和信誉的责任迫使企业不仅迎合法规，更要积极地超越法定要求，以树立更可靠和负责任的企业形象。

二、对企业的影响

（一）更高的财务报告要求

1. 建立更健全的内部财务管理体系

国际会计准则（IFRS）对企业提出了更高的财务报告要求，这在很大程度上推动了企业对其内部财务管理体系的建设。为了能够符合IFRS的规定，企业必须进行全面审查和升级其财务数据的采集、处理和报告流程。这一过程不仅是应对法规要求的必然步骤，更是企业在适应全球财务会计规范一体化趋势中的战略举措。

在升级内部财务管理体系的过程中，企业需要重新评估其内部流程，确保其能够有效支持详细和严格的财务信息披露。这包括对数据采集、处理和报告的流程进行细致入微的分析，以发现和纠正潜在的问题。企业需要确保每个环节都能够无误地捕捉和处理财务数据，以保证最终的财务报告准确、全面、可靠。此外，企业还需确保其内部控制符合IFRS的规定，以满足国际标准的要求。

为了应对这一挑战，企业需要投入更多的资源，包括财务专业人才、技术支持和培训。建立一个适应IFRS标准的内部财务管理框架需要全体团队的共同努力，这涉及跨部门协作和战略规划。这导致对现有流程的重大改变，需要管理层对变革的领导和支持。

2.强化内部控制以确保财务报告的准确性

随着国际会计准则的实施，企业面临着更严格的财务报告要求，这推动着对内部控制机制的强化，以确保财务报告的准确性和可靠性。当面对这一挑战时，企业需全面审视和强化其内部控制体系，以适应全球财务会计规范一体化趋势。

为了确保财务报告的准确性，企业需要加强对财务流程的监控。这涉及数据采集、处理和报告的各环节进行实时监测，以便及时发现潜在的错误或问题。监控可以通过建立自动化的系统警报、实施实时审计工具等方式进行，从而提高对财务流程的敏感度，确保财务数据的准确性。

设立有效的审计机制也是确保财务报告准确性的重要步骤。企业可以采用内部审计、外部审计或者二者结合的方式，对财务流程进行定期的审查和验证。内部审计可以通过独立的审计部门或者专业审计团队来进行，以确保内部控制的有效性。外部审计则由独立的注册会计师事务所进行。

内部各环节符合 IFRS 规定也是强化内部控制的重要方面。企业需要确保其内部控制机制能够有效地确保财务报告符合 IFRS 的要求，避免违反任何规定。这包括对会计政策、会计估计和财务报告披露的合规性进行详细的审查和验证。通过建立符合 IFRS 标准的内部控制框架，企业可以更好地适应国际标准的要求，确保财务报告的合规性和一致性。

在适应新的财务报告要求的过程中，企业必须以全球财务会计规范一体化趋势为导向，强化内部控制机制。这涉及在内部流程中整合国际会计准则的要求，确保内部控制框架能够适应 IFRS 的发展。这涉及与专业机构合作，获取最新的国际财务报告标准信息，以确保内部控制的及时性和前瞻性。

（二）信息系统的持续更新

在适应国际会计准则（IFRS）的变化背景下，企业需要不断更新其会计信息系统，以确保能够满足 IFRS 的最新要求。这涉及对软件和硬件的定期升级，以保持系统的先进性和兼容性。信息系统的不断更新在当前数字化时代扮演着至关重要的角色，不仅是财务报告的支持工具，还直接影响企业的运营。

信息系统的升级需要企业投入更多的资源用于技术升级和培训。这包括招聘具有技术专长的人才，以确保企业内部有足够的专业技能来推动系统的更新。同时，为现有团队提供相关培训是不可或缺的，以使其能够熟练运用更新后的信息系统。这种培训包括新功能的使用方法、系统操作规程的变更等方面，以确保团队对系统变化有深刻的理解。

企业需要与供应商保持紧密合作。与信息系统供应商建立战略伙伴关系，确保及时获知 IFRS 的最新变化，以便及时对系统进行相应的更新。供应商应当具备对 IFRS 标准的深刻理解，能够迅速适应标准的变化并提供及时的技术支持。此外，企业还需要考虑与供应商签署服务级别协议，明确系统升级的时间表和过程，以确保更新的顺利实施。

信息系统的不断更新意味着企业需要对其数字化能力进行全面评估。除了满足 IFRS 的财务报告要求外，信息系统还应当支持企业在其他方面的数字化需求，如业务运营、市场营销、客户服务等。因此，企业需要审慎规划和管理其信息系统的升级，以确保系统能够全面满足业务的需求，并在面对新的财务报告要求时能够灵活、高效地应对。

信息系统的持续更新也需要企业建立一个全面的管理机制。这包括明确变更的理由、计划和目标，以及对变更的影响进行评估。同时，企业还需与相关部门密切协作，确保信息系统的更新与整体业务策略相一致。定期的变更管理会议和报告有助于企业更好地了解系统升级的进展和潜在的挑战，从而及时调整和应对。

（三）持续的财务团队培训

面对 IFRS 的不断更新和变化，企业必须确保其财务团队接受持续的培训，以保持对最新准则的理解。这不仅是对团队成员的专业素养的要求，也是确保企业财务报告符合最新标准的基础。

在进行持续培训时，首先，财务团队需要了解最新的 IFRS 规定。这涉及参与专业培训课程、研讨会和学术会议，以确保团队成员具备最新的知识。培训课程可以由内部培训部门组织，也可以邀请外部专业培训机构提供。通过参与行业研讨和学术会议，财务团队能够深入了解 IFRS 的最新发展，掌握实际应用的最新趋势。

财务团队还需要了解与 IFRS 相关的实践指南和解释。IFRS 的规定通常需要在实际业务中得到具体应用，而实践指南和解释提供了对这些规定的更详细说明和解释。通过深入学习实践指南，团队成员能够更好地理解规定的具体应用，应对复杂情况，确保财务报告的合规性和准确性。

培训还应涵盖财务团队在使用财务软件和工具方面的技能。随着技术的不断进步，财务软件和工具的更新是常态。团队成员需要了解如何正确操作和应用新的软件功能，以确保财务信息的准确录入和报告。培训包括软件供应商提供的培训课程，以及内部培训，确保团队熟练掌握新技术，提高工作效率。

持续的财务团队培训应该是一个全面的计划，结合在线学习、面对面培训和实际案例研究等多种形式。这有助于提高团队的学习体验，使其更好地将理论知识转化为实际操作能力。

第三节　企业财务战略

一、制定企业财务战略

（一）明确企业财务目标

1. 确立财务业绩目标

确立财务目标是企业制定发展战略的重要方面。这一步骤至关重要，因为财务业绩目标不仅指导企业的财务决策，还直接影响企业的经济效益和市场竞争力。明确的财务业绩目标通常涵盖多个具体指标，如收入增长率、利润水平、资产回报率等，这有助于企业全面评估其财务绩效。

企业需要关注收入增长率，这直接反映了企业的市场竞争力和产品或服务的市场需求。明确的收入增长目标有助于企业更好地规划市场推广、销售策略，以确保企业在竞争激烈的市场中持续增长。

利润水平是企业财务健康的重要指标。通过设定具体的利润目标，企业能够更好地管理成本、提高生产效率，从而实现更可观的利润。这有助于企业在经济波动时依然能够保持盈利，并为未来的投资和扩张提供资金支持。

资产回报率关乎企业的投资效益。企业需要明确资产回报率的目标，以确保投资项目的选择和执行能够为企业带来最大回报。这有助于企业更加理性地进行资本预算和资源配置，提高资产利用效率。

在制定这些财务业绩目标时，企业需全面考虑市场竞争、行业特点和自身实力。目标既要有一定的挑战性，激发团队的积极性，又要切实可行，能够在特定时期内实现。财务业绩目标的明确定义为企业提供了清晰的方向，为制定相关策略和决策提供了有力支持，有助于企业更好地应对市场变化、提高竞争力。

2. 确定盈利水平

确定盈利水平是企业制定财务业绩目标中至关重要的一环。这一过程涉及明确的利润目标，其中包括毛利润和净利润等重要指标。在设定这些目标时，企业需要全面考虑多个因素，以确保盈利水平的设定既合理又可行。

首先，企业需深入研究成本结构，了解各项成本的构成和比重。这包括直接成本（如生产成本、原材料成本）和间接成本（如管理费用、销售费用），明晰成本结构有助于企业更好地评估盈利空间和制定合理的利润目标。通过精细管理和成本控制，企业能够提高盈利水平，实现更健康的财务状况。

其次，定价策略是确定盈利水平的重要因素。企业需要根据市场需求、竞争格局以及产品或服务的附加值，制定合理的定价策略。明确的定价战略有助于企业实现收入最大化，从而提高盈利水平。同时，定价策略也应与市场策略相协调，确保企业在市场中保持竞争力。

另外，企业还需关注长期可持续营利性，而非仅仅追求短期利润。这涉及在盈利水平的设定中考虑到企业的战略目标和可持续发展。企业可以通过加强品牌建设、提升产品或服务质量，以及拓展市场份额，提高企业的盈利水平。

3.设定财务风险阈值

设定财务风险阈值对企业的风险管理至关重要。这一步骤涉及明确的财务风险阈值，其中包括债务水平的控制、货币风险的管理以及市场波动的承受能力。通过设定这些阈值，企业能够更有效地识别、评估和管理各类风险，以保障财务稳健。

债务水平的控制是财务风险管理的重要方面。企业需要审慎评估其资本结构，确保债务负担在可控范围内。设定明确的债务阈值有助于企业规避财务危机，防范因高杠杆比例而引发的财务问题。通过设立合理的债务上限，企业能够更好地平衡资金成本和财务稳健性，确保在市场波动或经济衰退时不会陷入严重的财务困境。

货币风险的管理也是重要一环。企业在国际市场经营时，可能面临汇率波动的风险。通过设定货币风险阈值，企业能够确定可以接受的汇率波动范围，以减小外汇风险带来的负面影响。这需要企业建立有效的外汇管理机制，采取合适的避险策略，以确保企业在全球市场中保持财务稳定性。

另外，市场波动的承受能力也需要明确的阈值。不同行业和企业对市场波动的容忍度不同，因此，企业需要根据其经营状况和行业特点设定合理的市场风险阈值。这有助于企业更好地应对市场的不确定性，提高对市场波动的适应性。

（二）规划财务资源的合理配置

1. 投资组合的管理

投资组合的管理对于企业的财务资源合理配置至关重要。这一过程涉及对投资决策的全面考量，需要企业根据其财务目标和风险承受能力，以科学的方式配置资产，包括股票、债券、房地产等。通过投资组合的管理，企业可以更好地平衡风险与回报，实现最佳的资产配置，从而实现财务目标。

企业在进行投资组合管理时需要考虑各类资产的风险和收益特征。不同资产具有不同的市场表现和潜在风险，企业需要深入了解各类资产的特性，以科学合理地配置投资组合。例如，股票通常具有较高的风险和回报，而债券则相对稳定但回报较低。通过充分了解这些特性，企业能够更准确地评估各类资产在投资组合中的角色，以满足财务目标的不同需求。

投资组合的管理需要根据企业的整体财务目标和风险偏好来确定具体的配置策略。企业追求不同的财务目标，如追求稳健的资本保值，追求长期增值，或者追求高风险高回报。不同的目标将导致不同的资产配置策略，企业需要根据自身的战略定位和风险偏好，制定合适的投资组合管理策略。

投资组合的管理还需要考虑市场环境的变化。市场波动和经济周期的变化都会对各类资产产生影响，因此，企业需要及时调整投资组合，以适应不同的市场环境。这涉及动态的资产配置和风险管理策略的调整，确保企业在不同市场环境下能够灵活应对，保持财务稳健性。

2. 财务杠杆的调整

财务杠杆的调整是企业在规划财务资源时的重要工作。财务杠杆作为企业融资结构的关键指标，直接影响财务成本和盈利水平。企业需要在谨慎考虑的基础上，寻求适度的财务杠杆水平，以确保资金的有效利用，同时有效防范由过高杠杆带来的财务风险。

企业在考虑财务杠杆时需要综合考虑债务融资和股权融资的平衡。债务融资有助于企业获取相对廉价的资金，并利用杠杆效应放大盈利。然而，过度依赖债务会增加偿债压力，尤其在经济不确定的情况下，会导致财务风险的上升。因此，企业需要在债务和股权之间找到平衡，灵活运用不同的融资方式，以实现最优的财务杠杆水平。

财务杠杆的调整需要考虑企业的盈利水平和稳定性。高财务杠杆带来更高的盈利，但也伴随着更大的财务风险。在规划财务资源时，企业应综合考虑市场环境、行业特点和自身盈利模式，以确定适宜的财务杠杆水平。这包括进行盈利预

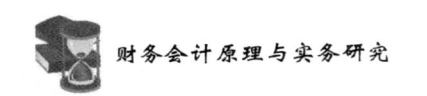

测和风险评估，以更准确地判断财务杠杆对企业的影响。

此外，企业在调整财务杠杆时还需关注利率水平和债务市场条件。利率的波动和债务市场的变化会直接影响债务融资的成本和可获得性。因此，企业需要密切监测宏观经济状况和金融市场的变化，灵活调整财务杠杆水平，以适应不同的市场环境。

3.降本增效

在有效的成本管理策略中，企业需要通过一系列手段来实现财务资源的最大化利用，促进可持续的经济增长。成本管理是财务资源合理配置的重要组成部分，本文将探讨有效的成本管理策略。

企业可以通过精细的成本控制来实现有效的成本管理。这包括审慎管理各项费用，确保每一笔支出都能够创造最大的价值。通过建立有效的预算和费用监控机制，企业可以更好地掌握财务状况，及时调整支出方向。

生产效率的提高也是成本管理的重要策略。通过采用先进的生产技术、自动化设备以及智能制造等手段，企业可以降低生产成本，提高生产效率。这需要企业不断关注科技创新，积极引入新技术，以适应不断变化的市场需求。

优化供应链管理也是成本管理的一项重要策略。通过建立高效的供应链体系，企业可以降低物流成本、减少库存积压，提高供应链的灵活性和响应速度。这包括供应商的选择与管理、物流网络的优化以及采用先进的信息技术来提升供应链的可视性和协同性。

推动数字化转型是现代企业进行成本管理的重要途径。通过数字化技术的应用，企业可以实现业务流程的优化，提高信息处理效率，降低运营成本。数字化还可以提供更准确和及时的数据，帮助企业做出更明智的经营决策。

二、未来发展趋势的规划与展望

（一）数字化与智能化的财务会计

使用先进的财务软件是企业适应未来数字化趋势、提升数据处理效率的重要一环。随着科技的不断进步，先进的财务软件在全面财务管理和数据处理方面发挥着至关重要的作用。

云计算技术。云计算允许企业将财务数据存储在云端，实现对实时数据的访问和管理。这提供了更大的灵活性，使得财务团队能够随时随地获取所需信息，支持远程办公和协同工作。云计算还提供了更强大的计算能力，有助于处理大规模的财务数据，同时降低了硬件和维护成本。

大数据分析。通过利用大数据分析工具，企业可以更全面地理解和利用其财务数据。这包括对大量数据进行深度分析，挖掘隐藏在数据背后的潜在趋势和模式。大数据分析还有助于企业进行预测和决策优化，提高对市场和行业变化的敏感性。

先进财务软件还应具备良好的用户界面和用户体验。友好的界面设计和易用的功能模块可以提高用户的工作效率，降低培训成本，使得财务团队更加专注于核心业务。软件应该支持自定义报表和分析工具，以满足不同层级和部门的需求。

人工智能技术的广泛应用将成为未来智能化财务会计的主要驱动力。数字化时代，企业积极采用人工智能技术，以提高财务决策效率、降低错误率，并为战略规划提供更准确的数据支持。

自动化的财务流程是人工智能技术在财务会计中的重要应用之一。通过引入机器学习和自然语言处理等技术，企业能够实现财务数据的自动采集、分类和处理。这不仅提高了数据处理的速度，还降低了人工干预的可能性和错误发生的风险。自动化的财务流程使企业能够更及时地获取准确的财务信息，为决策提供可靠的基础。

智能审计工具的应用是人工智能技术在财务会计中的重要领域。传统审计通常依赖于人工抽样和复查，费时费力且容易遗漏。而基于人工智能的审计工具能够通过大数据分析，全面审查海量财务数据，发现潜在的异常和风险。这提高了审计的全面性和准确性，有助于及时发现财务问题，为企业提供更可靠的审计。

预测性分析也是人工智能技术在财务会计中的重要应用之一。通过利用机器学习算法，企业可以对未来的财务趋势进行预测，识别可能的风险和机遇。预测性分析有助于企业更灵活地调整财务战略，更好地应对市场的变化，提高决策的前瞻性和针对性。

（二）可持续性发展的考虑

1. 制定与 ESG 相关的财务指标

未来，企业在面对环境、社会和治理（ESG）的不断提升重要性时，需要采取积极的财务战略，其中制定与 ESG 相关的财务指标将成为重要的一环。这种举措有助于企业量化其在环境友好、社会责任和良好治理方面的表现，从而更全面、系统地履行社会责任，提升企业形象。

制定与 ESG 相关的财务指标需要企业在财务报告中增加与 ESG 主题相关的

数据和信息。这包括环境方面的能源使用和排放数据、社会责任方面的员工培训和福利投入、治理方面的公司治理结构和董事会独立性等。通过在财务报告中详细披露这些信息，企业可以使利益相关方更好地了解其在ESG方面的表现。

企业需要确保制定的与ESG相关财务指标与其业务模式和行业特点相适应。不同行业面临的ESG问题各异，因此，财务指标的制定应该考虑到这些差异。例如，在制定环境相关的财务指标时，制造业更关注能源效率和废弃物管理，而科技行业更注重电子废弃物和碳足迹的管理。通过定制化的财务指标，企业能够更精准地反映其在ESG方面的努力和成就。

此外，企业还应该将与ESG相关的财务指标和绩效评估与奖励机制相结合，以激励员工和管理层更积极地参与ESG实践。通过将ESG目标纳入绩效评估，企业可以更好地推动员工关注社会责任，从而推动整体业务朝可持续的方向发展。

制定与ESG相关的财务指标需要企业与利益相关方进行广泛的沟通和合作。与投资者、客户、供应商、员工等各方进行积极对话，了解他们对ESG问题的关切和期望，有助于确定财务指标的具体内容和权重。这种开放性的沟通机制不仅提高了财务报告的可信度，也使得企业能够更好地满足各方的期望，形成共赢局面。

2.报告企业在可持续性方面的绩效

企业在财务报告中更加注重可持续性发展的报告是对社会责任的一种积极回应。这包括企业披露其在环保、社会公益和治理方面所采取的措施，并强调治理机制的不断优化。

在财务报告中，企业首先强调其在环保方面的努力。这包括降低碳排放、减少能源消耗、推动可再生能源使用等方面的具体措施。通过清晰地呈现这些环保行动的成果，企业向投资者、客户和员工传达了其对气候变化和可持续性的关切，并展示了在这一领域的领导地位。其次，社会公益活动也应成为财务报告的重要组成部分。企业在社区投入、慈善事业和公益项目上的投资，对于社会的正面影响不可忽视。通过详细说明这些活动的具体细节和影响，企业能够展现其对社会责任的认真态度，加强与消费者和社会的紧密联系。

另外，治理机制的不断优化也应该得到特别关注。企业可以强调其内部控制、合规性政策和董事会结构的改进。这展示了企业对于透明度和法规遵从性的重视，有助于增强其治理体系的有效性。同时，强化治理机制也有助于企业预防潜在的经营风险，提高企业的整体稳定性。

参考文献

[1] 路军伟，殷红.政府会计改革的动力机制与分析模型——基于制度变迁的理论视角[J].会计研究，2012（2）：57–64.

[2] 罗菁.政府会计制度改革对事业单位财务管理的影响[J].中国乡镇企业会计，2020（4）：68–69.

[3] 陈程.政府会计制度背景下高校财务管理的转型研究[J].智库时代，2020（15）：45–46.

[4] 宋建琦.高校财务软件中辅助账的设置与应用[J].财务与会计，2020（19）：67–69.

[5] 卢艳红，杨丽，张运如.政府会计制度下高校财务报销模式探究[J].经济研究导刊，2019（14）：153–154.

[6] 郑瑄.高校网上报销模式的优势及问题浅析[J].现代商业，2019（34）：191–192.

[7] 史淑霞，谢智勇.高校网上报销模式的实践与探索[J].中国市场，2017（34）：199–201.

[8] 谭佳.高校网上报销利弊及对应策略探讨[J].现代商贸工业，2017（17）：135–136.

[9] 张俊学.大数据背景下企业财务管理内部控制转型路径探索[J].中国总会计师，2019（9）：84-85.

[10] 车洪民.大数据视域下企业财务会计向管理会计转型发展研究[J].现代商业，2018（32）：146-147.

[11] 孔晶晶.大数据时代下企业财务管理工作创新转型策略的探讨研究[J].现代经济信息，2017（23）：265.

[12] 贾海波.浅析大数据时代的企业财务管理[J].财务与会计，2014（9）：36.

[13] 陈德余，汤勇刚.大数据背景下产业结构转型升级研究[J].科技管理研究，2017（1）：128-132.

[14] 程平，陈珊.大数据时代基于云会计的小微企业财务管理探析[J].会计之友，2016（6）：134-136.

[15] 李小金.财务智能化背景下高职会计专业教学改革探讨[J].柳州职业技术学院学报，2019（19）：69–72.

[16] 何瑛，宋康宁.大数据时代商业模式创新对管理会计转型的影响研究[J].商业会计，2018（15）：6–9.

[17] 王馨，王真伟.智能化背景下，财会类专业大学生应对财务转型的措施[J].财会审计，2019（5）：19–20.

[18] 刘学超.大数据时代的企业财务转型探讨[J].财会学习，2019（5）：15–17.

[19] 吕江.人工智能背景下企业财务会计发展思路分析[J].财会学习，2020（25）：8-9.

[20] 陈波.人工智能时代财务会计向管理会计转型的探索[J].产业与科技论坛，2020，19（16）：225-226.